黒川伊保

対話のトリセツ

ハイブリッド・コミュニケーションのすすめ

講談社+α新書
プラスアルファ

はじめに　～意識の水脈

この世の対話方式は、大きく2種類に分類される。日ごろ、何気なくしている対話に、二つのスタイルがあるってことだ。誰もが、脳の中に、2種類の対話方式を持っている。そして、世界中の人がとっさに、この2種類のうちのいずれかを選択して、しゃべり始める。千差万別、複雑怪奇、意味不明に思えるあらゆる対話に、運動方程式のような、美しい機構があったのである。

これが、私の人生で最大の発見である。

おそらく、この真実を探しに、私はこの星にやってきたのだと思う。

実は、私たちの脳には、とっさに使う2種類の回路がある。それぞれの回路が、まったく別の推論をして、別々の答えを出す。その二つの推論と答えは、生きるためにあまりにも重要すぎて、優劣がつけられない。しかしながら、脳の機構上、二つの回路を同時には起動できないのである。

しかたないので、ヒトは基本どちらかを優先して使い、別のほうを優先して使う者とペアやチームになって生きていく。

生殖のペアは、ほぼ必ずこの組み合わせになっている。生き残らなくてはならない、最たるペアだからだ。推論の方式が違うから、ものの見方、感じ方、対話の進め方、結論の出し方がまったく違う。当然、対話はすれ違う。上司と部下、親と子、サービス提供者と顧客、目論見の違う同僚同士の間でも、これが起こる。

つまり、この世のコミュニケーションは、すれ違うのが基本だってこと。「うまくいくはずなのに、うまくいかない」んじゃなくて、「もともと、うまくいかないように設計されていた」のである（！）。

脳にとって最優先なのは、生き残って、遺伝子を残すこと。互いの意見を尊重し合う（「あなたの考えのほうがいいかも」「きみの言うとおりでいいよ」）より、互いの意見をぶつけ合って確信の強いほうが勝つ（「右よ」「左じゃない？」「はぁ（怒）」「右でいい」）ほうがすばやく結論が出せて、結果、ペアの生存可能性が高い。そういうペアだけが遺伝子を残せて、そういう脳たちが生き残って今に至るのである――そう、私たちの脳は、はなっから「優しい思いやり」なんて、最優先にはしていなかったのである（もちろん最優先じゃないだけで、そうしたい気持ちは満々だけど、とっさにはイラつくわけ）。

生き残るために、私たちの脳は、常に究極の推論をしている。夫婦や上司・部下の対話がすれ違うのは、その推論の一部であって、何かの間違いじゃない。

歴然と悪意がある場合を除いて、誰もが、愛と誠意でことばを紡ぐ。自分と大切な人の生存可能性を上げるために。なのに、片方は、もう片方の想定内の反応ができない。言ってあげたいことばと、言ってほしいことばが一致しないのである。このため、誠意が悪意に取られること、感性のよさが愚かさと勘違いされることが頻発している。

「あの人はなぜわかってくれないのだろう」「あいつはなぜわかろうとしないんだ」――そんなふうに背と背を向け合ったとき、前者は相手の心根を疑い、後者は能力を疑う。対話がすれ違っただけなのに、人は「思いやりのない、ひどい人」と恨まれたり、「社会性が低い、使えない」と蔑（さげす）まれたりしているのである。どちらも濡れ衣なのに。

この世には2種類の対話方式があって、多くの対話がイライラやもやもやを生み出している。

考えてみれば、共に歩むべき二人だからこそ猜疑心や侮蔑がうずまくなんて、人類は、なんて大きなジレンマを抱えているのだろう。この世の悲劇の多くがここに端を発しているように思えて、若き日の私は胸を痛めた。

というわけで、『妻のトリセツ』をはじめとし、『孫のトリセツ』まで数々のトリセツが生まれたわけだけど、私のトリセツをいくつか読んでくださった方は、どのトリセツにも対話指南が入っているのに気づいているはず。結局のところ、人間関係のキモは、対話に帰結するからね。

この本では、あらためて、しっかりと「対話」に光を当てようと思う。

この世の対話の構造と、それがなぜすれ違うのか。互いの脳の中を理解しながら、最高の解を得るための対話術について。要は、2種類の対話をうまく使い分ければいいだけだ。通常、脳がとっさにどちらかを選んだら、ヒトは、1種類の方式しか見えなくなる。2種類あることを腹に落として、自分たちの対話が俯瞰(ふかん)できたら、この世の謎が次々と解ける。

とはいえ、この世の対話のすべてがノンストレスになるわけじゃない。脳はとっさに「言ってしまう」「感じてしまう」ので、「わかっちゃいても、ついやってしまう」をゼロにはできないからだ。

かくいう私も、夫婦喧嘩をゼロにはできない。ただ、夫の無神経な発言にイラついても、それが「家族を守るための真摯な発言」だと後からちゃんと理解するから、恨みには変えないで済む。大事なのは、そこでは？

というわけで、対話の構造を理解すれば、周囲の人の愛も見えてくる。たぶん。いや、きっと。

そして、今だからこそ、この本を書かなければならなかった理由がある。２０２３年、彗星のごとくビジネスシーンに登場した生成ＡＩの普及が進んでいる。ＡＩをうまく使うには、対話力が必須なのである。

つまり、今や対話力は、身に着けるべき最大のビジネスセンスと言い換えてもいい。たとえば、イラストレーターやデザイナー、作曲家のようなビジュアルや音に訴えるプロたちも、ＡＩに向かってイメージをことばにしてサポートしてもらう時代なのだから。

今後、アートやデザインの専門家を育てるすべてのクラスに、「対話とことば」のカリキュラムが必要になるだろう。

でもね、考えてみれば昔から、芸術家たちは、ことばの天才でもある。特に抽象的なモダンアートでは、タイトルがすべてを決める。私のオフィスの壁には、美しい菱形が連なる絵面に『意識の水脈』というタイトルが与えられた版画が掛けられている。ことばの感性を深掘りする私は、このタイトルを見るたびに惚れ惚れしてしまう。意識の水脈、たしかにある。脳裏に浮かんだインスピレーションをたぐって本を書き始めるとき、私は意識の水脈をさぐっているもの。水脈に当たると、一気にことばが溢れてきて、それが一冊の本になる。

　この本も、そんなふうにして書き始めている。「生成ＡＩの登場で、ますます募ってきた対話の重要性」という時代の要請が、美しい菱形の突先のように迫ってきて、私の意識の水脈に当たったのだ。今、溢れてくることばを片手で抑え込むようにして、この「はじめに」を書いている。これから私の意識の水脈から溢れてくることばが、あなたや、あなたの大切な人たちの人生を少しでも潤せますように。心から願いつつ、「一冊の旅」を始めようと思う。

対話のトリセツ／目次

第2章　タテ型思考VS.ヨコ型思考

第3章　対話の奥義　〜ハイブリッド・コミュニケーション

第4章　今、対話力が問われる時代

第１章　脳に潜む二大感性

たとえば、荒野を行くとき。急に何かの気配を感じて不安になって、とっさに周囲を確認する、そんなとき。

私たちの脳は、瞬時に遠近のどちらかを選ぶ。ヒトの目は、遠くと近くを同時に見ることができないからだ。

具体的に言うと、「広範囲を眺めて、遠くの特異点（注視すべき点）をすばやく特定し、瞬時に照準を合わせて、反射的に動こうとする人」と、「身の周辺を満遍なく感じ取って、周囲に潜んでいる危険を察知して、状況を確認しようとする人」に分かれる。つまり、人類の「とっさのものの見方」は、ざっくり「遠くの一点」と「近くを満遍なく」の2種類なのである。

たった二つ？　そう二つ。とりもなおさず、この二つ（遠くから迫る敵を迎え撃つか、近くに潜む罠から逃れるか）が、何万年も前から、人類が命を長らえるのに欠かせない「とっさのセンス」の二つで、優劣つけがたいからにほかならない。

実は、このことが、人類のコミュニケーションに大きな影を落としているのである。

人類には、とっさのものの見方が2種類ある。

その、とっさのものの見方が、対話の進め方に大きくかかわっている。

異なるものの見方を選んだ二人は、対話の手法がまったく異なるため、話が通じない。

——私の発見を簡潔に言うと、そういうことになる。けっこう斬新な発見でしょう？

「遠くの一点に集中する」のはタテ型回路

二つのものの見方を、もう少し精査してみよう。

目の前の景色を、広く遠くざっと眺めて、特異点《こちらに向かってくるもの、危険と思しきもの、そこにあってはならないもの、見慣れないもの》に瞬時に照準が合う……のみならず、その特異点に意識を集中して、いち早く迎撃態勢に入る——これは、脳の縦方向の信号（おでこと後頭部をつなぐライン）を強く使って実現する機能である。

脳を縦方向に深く使うこの回路は、空間認知の領域で、対象物に照準を合わせて、距離感やスピード感をつかんだり、位置関係やものの構造を把握したりするときに使われる。

この回路は、聴覚とも連携している。野球選手は、ボールがバットに当たる音で、どこに、どれくらいの速さで飛んでくるかがわかると言ったりするでしょう？　ボールを目で追うか追わないかのうちに、身体が反応する。あれはまさに、縦方向の信号を研ぎ澄ました結果である。

美しい使命感がゆえに「ひどい人」と言われる

敵や獲物、ボールが近づいてきたとき、それに対処する早さと的確さにおいて、この回路ほど役に立つものはない。いざことが起これば、事情や心情をかなぐり捨てて、瞬時の実行力を作り出す。圧倒的な危機対応力を呈し、何万年も、人類の狩りの能力を支えてきた回路だ。

この事情や心情をかなぐり捨てる美しい使命感が、ときに、話し相手の事情や心情を無視することになるので（「あんなことがあって、こんなこともあって」という話に付き合えないし、「私、嫌なんです」に呆れる）、コミュニケーションに齟齬（そご）があったとき、「話を聞いてくれない」「気持ちをわかってくれない」「ひどい人」と言われがち。とはいえ、この回路に通電しなければ、危険な現場から帰ってくることはできない。遠い目標をクリアすることも叶わない。

この本では、以降、この「脳を縦方向に深く使う、空間認知の回路」をタテ型回路と呼ぶ。

なお、「とっさ」より長い時間を使って対話をしたり、思考をしたりするとき、ヒトは一つの回路ばかりを使うわけじゃない。ただ、わずかにタテ型回路を先んじて使い、また、比較的高頻度で使うことによって、「タテ型回路特有の感性」が醸し出されてくるのである。以降、この「タテ型回路をわずかに先んじて、高頻度で使う」脳の状態を、「タテ型優先」と呼ぶ。

「近くを満遍なく」はヨコ型回路

一方、「身の回り半径数メートル以内を綿密に感じ取って、針の先ほどの変化も見逃さない」という脳の働き。こちらは、脳の横方向の信号（右脳と左脳の連携信号）を強く使って実現する機能だ。

右脳は感じる領域で、左脳は顕在意識を担当している。ということは、右脳と左脳の連携回路は、「感じたことを顕在意識に上げる」回路である。そう、気づきを生み出す回路なのだ。横方向の回路が活性化しているとき、脳は五感から入ってきた情報をすばやく統合して、身の回りを満遍なく感じ取ろうとする。皮膚感や嗅覚までをも駆使して、わずかな空気の揺らぎも感知し、蛇の気配どころか、虫の気配も逃さない。

また、右左脳連携回路は、感情をきっかけに関連記憶を引き出す回路でもある。感情をきっかけにイメージで記憶を探るのは右脳のお仕事、キャッチした記憶を顕在化してことばにするのは左脳のお仕事である。

このため、目の前の現実空間を満遍なく感じ取るのみならず、過去の中に潜む気づきネタも釣り上げてくるのだ。「そういえば、あのとき」「そういえば、あのひと」「そういえば、上の子のとき」「そういえば、お母さんが倒れたとき」のように。

というわけで、右左脳連携回路を使っている人は、守備範囲は狭いが、身の回りを満遍なく感知するとともに、時間軸を自在に行き来して、多次元の気づきを生み出すのである。いつもと服についている匂いが違う→「どこに行ってたの？」みたいな母や妻の勘は、この回路が生み出すわけ。

この超能力並みの気づきによって、危機が起こる前に、危機の予兆を感じ取ることも多い。タテ型回路の危機対応力に対し、こちらは危機回避力が圧倒的なのだ。

この回路は、日々、幼子や高齢者の事故を未然に防ぎ命を救っているが、なんといっても日常の混乱や停滞を防いでもいるのが見過ごせない。たとえば、スーパーのレジで、「子どもの月謝のための小銭が要る」ことに気づいてお札を出したりするような、そんな気づき。これを一日に何百回と繰り返す人がいるから、家は回るのである。

この本では、以降、「右脳と左脳を連携させる、気づきの回路」をヨコ型回路と呼び、「ヨコ型回路をわずかに先んじて、高頻度で使う」脳の状態を、「ヨコ型優先」と呼ぶ。

脳のタイムトラベラー

ヨコ型優先の人は、感情をきっかけに、記憶領域に深く入っていく。私は「脳のタイムトラベラー」と呼んでいる。

このため、ときに、「ことのいきさつ」や「過去の類似事象」、あるいは「自分の気持ち」を延々としゃべることがある。「私が○○って言ったら、あなたが□□と言ったでしょ。だから、私は△△だと思ったのに」「あなたは、最初のときだって、ひどいこと言ったよね」「私、嫌なんです」。

本人は、脳内をくまなくタイムトラベルして、腹落ちするきっかけとなるネタを探しているのだが、タテ型回路を起動している人から見ると、「だから？」と聞き返したくなるはず。「だから、どうしたいんだ？　結論から言ってくれ」と。

タテ型回路が最初に受け入れるのは結論だけなので、結論を言う前に展開されるヨコ型回路のトラベリングトークは、意味のない無駄話、愚痴や言い訳にしか聞こえない。このため、「感情的で、社会性が低い」と断じられてしまいがちなのである。

済んだこと（決着がついているはずのこと）を蒸し返すことも多いので、職場では会議の議決が速やかに遂行されずに、タテ型優先の人たちのため息を誘うことも。でもね、私に言わせれば、ヨコ型優先の人に「なんだか、もやもやする」が生じたのなら、その議決には何らかの歪みがある可能性が高い。議決そのものに問題がなくても、会議の進め方や人間関係にそれがあることも。その話に付き合って、いったん振り返ってみるのも悪くない。私は部下を持つようになってから、部下の「心のひっかかり」を軽視したことはない。家族や友人のそれも。ここに、尊き〝多次元気づきセンサー〟がある。私にはそう見えるし、実際、「心のひっかかり」に耳を傾けてトラブルを未然に防いだことも数限りなくある。

特に、感情を基軸に紡がれる関係＝夫婦間では、感情による蒸し返しはけっこう頻繁に起こる。既に謝ったこと（決着をつけたはずのこと）を蒸し返されて、何度も謝る羽目になることに。けど、蒸し返されているうちはまだいい。何も言わなくなって、脳内で増幅する恐ろしさに比べればね。

関連記憶の想起は、戦略力の証。「経験知」構築の大事な基礎演算だから。つまり、「蒸し返し」は、家族の命を守り抜き、家事をそつなく回すために不可欠の能力なのである。しかしながら、その洗練された演算力が、夫婦関係を腐らせてしまうことがある。夫婦のそれを何とかしたかったら、ぜひ『夫婦のトリセツ　決定版』（講談社＋α新書）をお読みくださいね。

脳はとっさに二者択一をする

タテ型回路とヨコ型回路、これらは、同時に起動することはできない。

私たちの目は、遠くと近くを同時に感知することはできない。遠くの電光掲示板を読みながら、手元のパンフレットを読むことは誰にもできないはず。このため、ふと不安を感じて、とっさにその根拠を確かめるとき、私たちは、遠近を選ぶ必要に迫られる。遠くの目標物に注視するか、近くを満遍なく見るか。これは脳が生来持っている、本能的な二者択一なのである。

ちなみに、目の不自由な方でも、もちろん、同じ二者択一がある。「遠くの音、一点」に意識を集中するときはタテ型。「身の回りの空間で起こる音を満遍なく、皮膚感やにおいも使って」意識するときはヨコ型である。

ヨコ型回路は、日に何度も「ついで家事」を片付ける

そして、あまりにも自然で気づきにくいが、日常生活の中のあらゆるシーンでも、脳は常に二者択一しているのである。

たとえば、テレビCMの間にトイレに立つようなとき、ヨコ型回路を起動している人は、

半径数メートル以内を満遍なくサーチしながらトイレに行く。目の前の使用済みのビールグラスに気づいてキッチンカウンターに置く。トイレの帰りに玄関に干してある傘に気づいて、くるくる畳んで傘立てにしまう。ついでに靴箱の上の消臭剤が残り少ないことを感知する（これだけで後日、スーパーで消臭剤と目が合う。関連記憶のきっかけを脳に仕込んだから）。これだけしても、最後にビールグラスがテーブルに残した水滴を拭きとる台ふきんを持って戻るのを忘れない。これらを、ほぼ無意識のうちにやってのけるのである。なんなら、子どもの靴の汚れ具合や、明日履く靴の確認もするかも。トイレのちょっとした汚れもぬぐってくるかも。

タテ型回路は、目的から意識をそらさないので、トイレに行くとなったら、トイレしか頭にないはず。あとから家族に「ついでにビールグラスを片付けてよ。いつだって置きっぱなしなんだから」と叱られても、気づくことなんて、はなっから眼中にないので、「言ってくれればやったのに」となる。

ヨコ型回路優先の人は、「気づかないこと」にイラついているので、タテ型回路の「言ってくれればやったのに」は二重に腹が立つ。「なんで私がいちいち言わなきゃいけないの？　私が片付け役だとでも？　私は、あなたのお母さんじゃない」と思うから。こういうときは、「気づかなくてごめん」が正解ですよ。

タテ型回路は家具の組み立てが得意

逆に、家具を組み立てる、なんていうときには、タテ型回路のブレない目的意識が役に立つ。

ヨコ型回路は、気づいたことを半分無意識のうちにさっさと片付けていくタイプ。ある意味、無責任なマルチタスクなのである。やかんのお湯が沸くまでに、あれもこれもと思いついたタスクを積み重ね、そのうちお湯を沸かしていることを忘れて、お湯が半分になっていた……なんてことも起こるけど、たまのそれは想定内リスクなのである。やかんのお湯が沸騰するのを待っているようじゃ、家事は絶対終わらない。

さて、この回路を起動しながら家具を組み立てると、「あ、これとこれをはめ込むんじゃない?」なんて気づいたところから手を下しがち。設計図なんて、どこ吹く風である。小さなことならこれでもいいけど、機構の複雑なものだと、最後に「あれ?　この部品なに?　あ〜、最初にここに通しとかなきゃダメだったんじゃん」なんてことが起こる場合も。このため、ヨコ型回路優先の人には、家具の組み立てや、電子機器の起動は苦手という人も多いはず。

一方、タテ型回路は、空間認知を得意とし、目的遂行のために余計な気づきは起こさない。これが功を奏して、設計図通りに組み立てていくのが得意なのである。精緻なシングルタスクを得意とする回路で、Ｗｉ－Ｆｉ設定も、テレビのインターネット切り替えも、各種フィルターのお掃除も、タテ型回路でなきゃストレスが溜まる。

私が尊敬してやまない、友人のベテラン主婦たちは、タテ型・ヨコ型をすばやく切り替えて、臨機応変なマルチタスクもこなせば、家具の組み立てもＷｉ－Ｆｉ設定もさらりとやってのけてしまう。家事も育児もほぼ一人でこなすワンオペママで20年超え、なんていう脳は、本当にすごすぎる。

トイレに行くとき、家具を組み立てるとき。こんなときでさえ、私たちは、タテ型回路とヨコ型回路を取捨選択している。

脳の信号を、潔くタテに使うか、ヨコに使うか。この二者択一によって、私たち人類はとっさに、遠くの動くものに瞬時に照準が合う人と、近くのわずかな気配までものごとをキャッチする人とに分かれる。日常は、美しい使命感で目標クリアに専念する人と、多次元気づきの才能を発揮して組織の混乱を防ぐ人によって成立している。

どちらが正しいとか正しくないとか、そういう問題ではない。どちらも生き残るために不可欠のセンスで、脳は、そのとき必要と直感したほうを起動する。

とっさの選択には、優先側がある

そして、ここが大事なこと。

多くの「とっさ」には迷っている暇がないので、脳は、あらかじめとっさの優先側を決めているのである。野球の外野手は、バットがボールに当たる瞬間には、既にタテ型回路を起動しているはず。ボールに当たってから回路を選んでいたら、間に合わないもの。

多くの場合、その場の役割で、脳の優先側が決まる。

私は46年間、社交ダンスを楽しんでいるけれど、私たち女性ダンサーは、ヨコ型回路が強く優先されているはず。だって、組んでいる男性の横隔膜の動きひとつで、身体を切り替えるタイミングを察知しているのだもの。社交ダンスは、あらかじめ振り付けの順番が決まっていないので、男性のリードを女性がフォローすることを基本としているからね。

赤ちゃんを抱いて面倒を見る者は、赤ちゃんの体調を察知するためにヨコ型回路を使う。餌をとって帰る必要がある者たちは、狩猟に長けたタテ型回路を優先することになる。太古の昔から、男女が生殖のペアとなったときには、女性がヨコ型、男性がタテ型となることが圧倒的に多かったはず。

そのためだと思う。脳には、特に役割に縛られないときに起動する「基本の優先側」があるのだが、それについては、女性の大半（私のコミュニケーション教育の現場での実感では9割以上）がヨコ型、男性の大半がタテ型である。

誰もが、家族や友人とのフランクな付き合いでは、自然と基本の優先側を使うことが多い。先ほど例に挙げたように、ふとトイレに立つときとか。あるいは逆に、激しいストレスにさらされたときに、基本の優先側が起動することもある。

男女は、死角のない鉄壁のペア

たった二人で荒野を行くのなら、たった二人でけっして失敗できない幼い命を守り抜くのなら、その二人は、基本の優先側を分けて持つべきだ。

愛しい者に危険が迫ったとき、片方は、瞬時に敵に気づいて迎撃できる。もう片方は、愛しい者から一瞬も意識を離さずに守り抜く。荒野を行く長い道のりを、片方は目標を見失わずにたくましく前進していく。もう片方は、日常の混乱や停滞を防ぎつつ、不測の事態に思いもよらないアイデアを提供する。

基本の優先側が違う二人は、最高のパートナーだ。

基本の優先側に大きく性差があるのは、生殖のペアが、そのまま鉄壁のペアになるための自然の差配なのに違いない。

　とはいえ、基本の優先側の男性タテ型傾向、女性ヨコ型傾向は１００％じゃない。男性ばかりのチームにも、基本の優先側がヨコ型の人がいる。女性ばかりのコミュニティにも、基本の優先側がタテ型の人がいる。脳の設計者（自然界の摂理）は、人類のあらゆる場面で生存可能性を下げないように、工夫しているらしい。

　ただし、発情して寄り添うとき（生殖のペアとなるとき）、男女は感性真逆の相手を選ぶ傾向が強いので、女性タテ型は男性ヨコ型に惚れる確率が高い。というわけで、男女の傾向は１００％じゃないが、たいていの夫婦が鉄壁のペアであることは間違いない。

　脳のとっさの使い方に、男女の傾向、すなわち性差があること――この発見は、男女平等の観点から、眉をひそめられることも多い。けれど、本当は、その真逆、このことを知ったほうが、互いに尊重し合えるはず。「相手も、自分と同じ思考回路を使っている」と思い込むと、相手の言動にイライラしたりもやもやしたり、恨んだり、愚かだと思い込むことになってしまう。

男女の脳に機能差はない、とっさの身の守り方が違うだけ

ちなみに、基本の優先側の設定に男女の傾向差はあっても、男女の脳に機能差はない。男女の脳の神経回路を配線と見立てて精査していくと、男性にしかない回路、女性にしかない回路は存在しないのである。男性にしかできないことも、その逆もない。女性だから、遠くの一点に照準が合わない、男性だから、近くの危険に気づけない、なんてことはないでしょう？

男女とも同じ機能を搭載して生まれてくる。当然、誰もがタテ型回路もヨコ型回路も持っていて、どちらも使える。ただ、男女は生殖の役割が違うので、とっさの身の守り方が違う。だから、基本の優先側に男女の傾向が見られる。ただ、それだけのことだ。

しかも、私たちは基本の優先側を24時間３６５日一生使うわけじゃない。時と場合と立場によって、優先側を切り替えている。誰もが、「赤ちゃんの添い寝をしているときはヨコ型だけど、会社で管理職の席に座ればタテ型、会議室でアイデアを出すときにはヨコ型」のように切り替えているのである。

というわけで「男女の脳は違うのか、違わないのか」という命題に対する私の答えは、

「男女の脳は、違わないけど違う」である。同じ配線構造で生まれてきて、どちらもなんでもできるけど、とっさに違う守備範囲を守り合い、鉄壁のペアになれる素敵な可能性を孕(はら)んだ関係なのである。

上司と部下もすれ違う

立場によって、優先側は切り替わる。たとえば、上司と部下という関係になったとき、男女に関係なく、上司はタテ型、部下はヨコ型になることが圧倒的に多い。

上司は、目標を掲げて、そこに向かってチームを率いる責任がある。どうしたって目標に意識を集中するタテ型回路を使うことになる。

一方、部下がヨコ型になりがちな理由は、ヨコ型回路の特性にある。ヨコ型回路は、右脳と左脳の連携回路。右脳は感じる領域、左脳は顕在意識を牛耳っている。つまり、感じる領域の出来事を顕在意識に上げようとすると、ヨコ型回路が起動してしまうわけ。

上司の前に立って、報告・連絡・相談、あるいは提案をしようとする部下が、上司の顔色をうかがわないわけはない。声をかけるとき、「話を聞いてもらえる状況なのかな」と探ったとたんにヨコ型になる。提案をするとき、「うまく、わかってくれるだろうか」と案じたとたんにヨコ型になる。誰でも、上司の前では、ヨコ型になりがちだってことだ。

親と子もすれ違う

親と子も、親がタテ型、子がヨコ型の対峙関係になりがち。

育児は、細かい目標達成の積み重ね。ご飯を食べさせ、準備万端で学校へ送り出し、帰ってくれれば宿題→夕飯→お風呂→就寝のステージをクリアしていかなきゃならない。親はどうしたって、目標を見据えるタテ型回路が強く働いてしまう。一方、子どもは、親の顔色で「自らの脳神経系が正しく動いているかどうかを確認する」生き物なので、親とのコミュニケーションにおいてはヨコ型優先になる。

実は、脳が、とっさに縦横に神経信号を振り切って身を守る態勢に入るのは、13歳から。12歳までは、とっさに身を守る能力がまだ低いのである。このため、寄り添ってくれる大人たちの「とっさの表情や所作」に連動して身を守るようにできている。赤ちゃんは、母親が微笑みかければ笑い、無表情になると戸惑い、悲しい顔をすると泣きさえもする。幼い子どもは、母親が穏やかにしていれば無邪気に遊ぶが、母親が急に緊張すれば、身を固くして動きを止める。そうやって身を守っているのである。

大人になったら、表情にも責任がある

ということは、そばにいる人が不安な顔をすれば、子どもも不安になり、イライラすれば、子どもも緊張する。子どもは大人の表情に、その場の気分を支配されるのである。だから、朝、大人のイラついた不満顔で送り出されれば、その気分で学校生活を始めることになってかわいそうなのだ。

大人になっても、母親の暗い表情は、子どもに影を落とす。どんな心情であっても、何歳の子であっても、家を出ていく子を「前向きの嬉し気な顔」で送り出してやりたい。帰ってきた子を「穏やかな癒しの表情」で迎えてあげたい。それが母になった者の使命だと私は思っている。

同様に、部下も上司の表情に支配される。不安や不満でイラつく上司は、部下の感性をことごとく鈍らせる。チームの成果が上がらないと思ったら、上司の機嫌のせいってことも多々あるのである。最近、私は、フキハラ（不機嫌ハラスメント）ということばを知った。そのことばを耳にした瞬間は、「最近の上司は、頭が痛くてもお腹が痛くても笑ってなくちゃいけないわけ？　部下サービスもそこまで来たか。あんまりじゃない？」と噴き出したのだが、まぁたしかに、四六時中不機嫌を垂れ流す上司が〝脳害〟なのは事実だ。大人になったら、表情にも責任がある。顔色を伺われる側＝人の上に立つ人は、それを肝に銘じなければならない。

一定時間、「もう片方」なんてなかったことになる

誰もが二つの回路を持っているのに、片方の回路にフィックスした瞬間、もう一つの回路を起動した人の言動がまったく理解できなくなる。脳は潔くもう片方を「なかったこと」にするからだ。

なぜだと思う？

おそらく、二者択一のもう片方にわずかでも思いを馳せたら危ないからだ。遠くの危険と思しきものに照準を合わせようとした瞬間、近くの草むらが気になったら迎撃が遅れる。だから脳は、とっさの選択をした直後、一定時間、他の選択肢を見失うのである。

とっさの判断がぶれないように、片方にフィックスする時間が必要なので、通常、タテヨコのスイッチングをするのには、いくばくかの時間を要する。

天才脳はハイブリッド

しかしながら、超一流の人たちは、これを瞬時に行うように見える。いい実業家は、顧客の気持ちに寄り添いながら、合理的な判断をしていく。いい科学者は、インスピレーション（ヨコ型回路の仕事）を論理式（タテ型回路の仕事）に換えていく。

実は、ヒトは誰でも、感覚を研ぎ澄ました領域では、とっさの切り替えが速くなる。脳にとっての時間は、相対的だからだ。よく野球の選手が、絶好調のときにはボールが止まって見える、なんて言うでしょう？　普通の人には目にも留まらぬ速さのボールが止まって見えるくらいまで、脳は時間を細かく使える。

ワンオペ育児（一人でほぼすべてをこなす育児）で、複数の子どもを育てているママなんて、タテ型回路の特性とヨコ型回路の特性をどちらも備えて、繊細に気づいたり（ヨコ型）、タフに問題解決したり（タテ型）している。いい実業家も同じ。これらも、同時並行に動かしているわけじゃない、切り替えが驚くほど速いのである。

感性を研ぎ澄ますコツは、「愛」や「好奇心」を理由にそのことに従事していること、かつ「強い目的意識」や「責任」を伴うこと。前者はヨコ型回路が起動する理由、後者はタテ型回路が起動する理由である。

つまり、才能があるってことは、ある領域に対して、「好奇心」と「目的意識」が強く働いているってことだ。あるいは「愛」と「責任」が。どちらも溢れるほどに強いから、ヨコ型回路もタテ型回路も起動したくて、うずうずしている。結果、すばやく切り替えて、どちらも使うことになるのだろう。

逆に言えば、好奇心が湧かないことを義務感でやっているときには、タテヨコのスイッチングがうまくいかない。「今のやり方のまま、合理的な成果を出す」ことにおいては困らないだろうけど、気づきが起こらないので、変化に対応することが難しくなる。

よく、「仕事を好きになれ」と言う人がいるけど、要は好奇心を働かせないと、脳が柔軟に動かないのである。超一流になるには、タテヨコの切り替えが速いことが必須なのだ。

スポーツ指導には「遊び」が要る

日本の教育（職業教育も含めて）は、多くの場合、「責任」や「目的意識」を喚起することを旨としている。けれど、それが強すぎて「愛」や「好奇心」が薄れたら、誰も超一流にはなれないはず。タテヨコの切り替えが鈍くなるから。

スポーツの指導も、勝つことに目的意識が行きすぎるのは、もったいない気がする。責任感だけでは一流までは行けても、超一流の場所には辿りつけない。一流（優秀）と言われる場所に行った人が、超一流（唯一無二、憧れの対象）になれずに苦しむのは、案外、この世で一番苦しいスランプかも。期待されているだけに。

陸上のレジェンド・為末大氏が、私がパーソナリティを務めるラジオ番組のゲストにいらしてくださって、「超一流」まで行くには、「遊び」が何より大事とおっしゃった。その競技を遊びながら始めること、最後まで遊び心を失わないこと、と。

競技者なら、どうしたって勝ちたいから、黙っていても目的意識は強く働く。指導者に大事なのは、子どもたちやアスリートにヨコ方向の信号を失わせないことではないだろうか。実は、そのためには、なんと「無駄話」が案外大事なのである。その話は、のちに詳しく述べる。

「話が通じない」は、人生を荒廃させる

コミュニケーションの達人も、タテヨコの切り替えがめちゃくちゃ速くて、相手に寄り添いつつも（ヨコ型）、自らの意思とゴールを見失わない（タテ型）のである。

「あの人は、なぜわかってくれないんだろう」「あいつは、なぜわかろうとしないのか」と対峙するとき、二人は、片方の回路に固化して、相手の回路の気持ちがわからない状態にいる。前者はヨコ型優先の人が感じる感覚、後者はタテ型優先の人が感じる感覚である。話が通じなくて、背と背を向け合ったとき、たいていの人は、相手の心根か能力を疑う。

「あの人は、なぜわかってくれないんだろう」が浮かんだ人は、相手の心根を恨む。話を聞いてくれない、気持ちをわかってくれない、頭が固い、ひどい人、と。

「あいつは、なぜわかろうとしないのか」が浮かんだ人は、相手の能力を低く見積もる。全体が見えていない、社会性が足りない、プロ意識が足りない、使えない、と。

いずれも濡れ衣、誤解である。どちらの回路も、その瞬間、正解と目論んだ場所に最短でたどり着く回路を的確に選んだのにもかかわらず、相手からは愚かに見える。そのうえ、ことは「話が通じない」では終わらない。恨んだり、蔑んだりして、相手の言い分に腹落ちしないから作業効率が下がるし、充実感（タテ型回路の快感）も幸福感（ヨコ型回路の満足感）も訪れないので人生の質がめちゃくちゃ下がる。

タテヨコの切り替えが速いコミュニケーションの達人は、無駄な恨みや蔑みがなく（あるいはそれを受けず）、充実感も幸福感も得やすい。そう、話が通じるだけじゃない。世界が安寧で、人生が充実して感じられるわけ。

上司と部下、夫と妻、親と子は、ことが起こった瞬間の脳の役割が明確なので、どうしても片方の回路に固化しやすい。言い換えれば、恨んだり蔑んだりしやすい関係なのである。幸せになるために結婚したのに、相性のいい夫婦ほど（違う感性を持ち寄った鉄壁のペアほど）、幸福感を得にくい。充実した人生を送るために働いているのに、優秀な上司と将来性のある部下ほど、充実感を得にくい。

それがあまりにも悲しくて、私のトリセツシリーズが始まったのである。この本は、すべてのトリセツシリーズの根幹にある脳と対話の関係性を明らかにし、誤解を生まない秘訣を、家族のみならず社会の関係（上司と部下、顧客とプロフェッショナル、師と弟子）にも転用できるように書いていく。

チームの成果が上がらず、辞めてほしくない人が辞めていく。部下も上司も、タテヨコ双方の口の利き方を知ってさえいれば、互いを尊重できるのに。ハラスメント騒ぎにならなくて済むのに。上司の前に立つ若い部下が、どうしたってヨコ型回路を起動する以上、そのことを導入教育で教えてあげる必要がある。新人教育の教科書に、ぜひ『対話のトリセツ』を（微笑）。

もちろん、上司側もそれを知る必要がある。なぜならば、上司の望む口の利き方では、実行力は育つけれど、発想力が育たない。ＡＩ時代に発想力がない組織は、企業価値を作れないからだ。管理職教育にも、ぜひ『対話のトリセツ』を。

それではなぜ、ヨコ型は相手の心情を疑い、タテ型は相手の能力を疑うのか。先に進もう。

第2章　タテ型思考VS.ヨコ型思考

前章で述べたように、人類は、脳の縦方向（おでこと後頭部をつなぐライン）の脳神経信号を激しく使うときと、脳の横方向の脳神経信号（右脳と左脳の連携信号）を激しく使うときがある。タテ型回路は、遠くの目標に意識を集中し、ヨコ型回路は、近くを満遍なく見る。

実はこのものの見方、物理空間だけではなく、概念空間でも一緒なのである。イメージをコントロールする脳の領域は、物理空間も概念空間も扱うからだ。タテ型回路を起動した人は、目標＝「今、何をすべきか」を探そうとし、ヨコ型回路を起動した人は、「ここに至るまでの事情」を思い起こして、ことを満遍なく把握し、気づきを起こそうとする。

コミュニケーション特性をまとめれば、タテ型優先の人は「ゴール（結果、結論、成果）にこだわり」、会話の目的は問題解決。会話はダメ出しから始める」、ヨコ型優先の人は「プロセス（事情、心情、過去の類似事例）にこだわり、会話の目的は納得。会話は共感し合って進めたい」。

つまり、タテ型回路とヨコ型回路では、ものの見方が違い、考え方の道のりが違い、したがって対話方式も違うのである。この二者、話が通じるわけがない。

脳の中には二つの答えがある

たとえば、上司に、「悪いけど、ちょっと残業して、この資料仕上げてもらえない？」のような要請をされて、それが無理だったとき。ヨコ型回路は、即座に事情や心情に思いを馳せる。「今日はなかなか予約が取れないお店をやっと押さえたんだもの、絶対に無理。だいたいこういうやっつけ仕事、み〜んな私なんだから……いい加減にしてほしい！」なんていうセリフが脳裏に浮かびがち。

ヨコ型回路は、記憶の中に入っていって、直感的な気づきを生み出す回路だからだ。「子どもの具合が悪い理由」も「画期的な新サービス」も「科学技術の新理論」も、たいていの発見はこの回路がしてくれる。同様に、上司の怠慢や依存も、瞬時に見抜いてしまうってわけ。

一方、タテ型回路は、「今できること」を即座に実行しようとする回路。同じ脳の持ち主が、タテ型回路を使っていたら「今できること」から頭に浮かぶ。このため「残業ですか？そうですね……20分だけできるので、導入部だけ仕上げて帰って、明日の朝一番に仕上げますね」なんてセリフが出てくるのである。上の言うことを疑わず、どこまでも邁進できる感性だから、圧倒的に職場ウケがいい。

同じ人間が、とっさに起動した回路によって、まったく別のことばを思いつき、まったく別の行動をとるのである。この世に、「恨みがましくて、自分のことを優先する」部下と、「とっさにできることを思いつき、さっさと実行する」部下がいるわけじゃない。誰もがどっちの可能性も持っているってことだ。

さて、あなたは基本タテ型？　それともヨコ型？　昨日、上司に言ってしまった一言、パートナーに言ってしまった一言はどっち？　向こうから返ってきたことばはどっち？

真理を見抜く答え、実利を手にする答え

前項の二つのセリフを並べると、どうしたって、ヨコ型回路に非があるように感じるけれど、もちろん、そうじゃない。タテ型もヨコ型も、何万年も保持されてきた人類に不可欠の回路であり、出した答えは自分の身を守るための大事な推論結果にほかならない。脳は、無駄な回路なんて、いっさい保持していない。

上司の怠慢と依存を見抜く力こそ、洞察力の証であり、やがてベテランの勘となって表出する。顧客の気持ちや、変化する市場の動きをつかんで戦略を立てるときに大いに役に立つことになる。頭に浮かぶ答えは、大切にしたらいい。「勘弁してよ」という気持ちを否定しなくていい。

ただし、どうしたって、タテ型の口を利いたほうが得なのは否めない。だから、口の利き方だけ、タテ型にすればいいのである。意識すれば、誰にでもできる。

私自身はエンジニア時代、脳裏に浮かぶのはヨコ型の答えだけど、タテ型に変換して上司

や顧客に回答していた。たとえば、「来週の火曜日までにシステムテスト終わらせて」なんて無理を言われたとき。頭に浮かぶのが「はぁ？　無理に決まってるでしょ。私は3つのプロジェクトを仕切ってるんですよ。もちろん、あなたの指令ですけど？　今週末には管理職教育のレポートもあるし、日曜日は息子の保育園の運動会だし」だったとしても、30歳を過ぎてからは（この理論に気づいてからは）、それを口にしたことはない。タテ型上司のお望み通り、結論（できること）から言う。「来週の火曜日でしたら8割がた終わらせて、経過レポートも書きますよ。すべて終わらせるのには、あと二日いただきます」のように。

私は、この二日をけっして譲らないエンジニアだったけれど、家族を振り切って休日出勤して、言われた通りにするエンジニアと、そう評価が変わらなかったと思う。好かれてはいなかったかもしれないが、少なくとも「彼女はデキる」と言われた。実績よりも、口の利き方である。

この二つの答えは、言ってみれば、真理を見抜く答えと、実利を手にする答えである。どちらも起動して、どちらも有効活用すればいい。社会では、真理はやすやすと口にしないほうがいいことが多い。実利を握るべき。

変化に対応する神、普遍の真理を見抜く神

上の言うことを疑わず、がむしゃらに邁進するタテ型回路には圧倒的な実行力がある。その実行力もまた、プロの勘を生み出し、現場の神になっていく。

ヨコ型は変化に対応する戦略的な勘だけど、タテ型は普遍の真理を追究する勘。どちらも人類の宝である。そして、生き残るには、双方を備える必要がある。どんなに切り替えが速くて優秀でも、個人の脳には、基本の優先側という縛りがあるので、どうしたって基本の優先側が違う者同士で構成された組織にはかなわない。

そう考えると、私たちは群れで生きるように設計されているんだなぁと観念せざるを得ない。だとするならば、互いの優先側を理解し合うコミュニケーションが、人類の必須科目なのでは？

ハイブリッド・コミュニケーション

タテ型回路の答え、ヨコ型回路の答え、頭に浮かぶのは、いずれでもいい。しかしながら、口に出すことばにはテクニックが要る。

相手の優先側を考慮した口の利き方で、基本、話が通じるようになる。ただし、ときに自

分の発想力や集中力を維持するために、あえて、頭に浮かんだことばを言うべき局面もある。意図的に相手の優先側を切り替えるテクニックもある。

アクセルとブレーキを巧みに切り替えて車を制御するように、タテ型とヨコ型を巧みに切り替えて、コミュニケーションを制御しよう。「風通しのいい職場に」とか「互いを尊重し合おう」なんていう精神論でコミュニケーションをなんとかしようとするのは、「譲り合い」「歩行者に注意」だけで車を運転しろと言っているようなもの。まずは、構造と制御法を理解しなければね。

「そういえば」と「要するに」

事が起こったとき、ヨコ型回路を起動した人は、ここまでの経緯や、過去の類似事象に照らして、気づきを得ようとする。キーワードは「そういえば」だ。「そういえば、夕べ」「そういえば、あの人」「そういえば、あのとき」「そういえば、上の子のとき」「そういえば、お父さんが倒れたとき」「そういえば、前にテレビで」。

記憶の中に入っていって、経験知を総動員して気づきを起こし、目の前の事象の根本原因を探ろうとしているのである。この演算が、どれだけ家族を救い、家庭や職場を安寧に回し、危機を回避してきたかわからない。家事や育児、現場のマネージメントは、「そういえば、あれやっとかなきゃ」「これ気になるから、やっとこう」のオンパレード。ヨコ型回路なしには、あなたも無事大人になれなかった。

記憶をたどるので、どうしても事のいきさつを語り尽くすことになり、ときには、過去の済んだことを蒸し返すことになる。母親の、妻の（夫の）、このしゃべり方に辟易（へきえき）する？ そんなこと言ってる場合じゃないかも。このしゃべり方をしてくれる人が家族にいないと、家は絶対に回らない。職場にいないと、きめ細やかなサービスや新発想が生まれない。

タテ型回路を起動した人は、結果にフォーカスして、今できることをさっさとはじめようとする。キーワードは「要するに」である。「要するに、こういうことでしょ。きみも、◯◯すればよかったんだよ」。

人の話を、まるでクイズの問いのように聞く。つまり「この話の命題（結論）は何？ 何を答えればいいわけ？」のように。そして、クイズの問いが終わる前に、ボタンを押して正解が言えたら快感、という感覚が常にある。このため、人の話を落ち着いて最後まで聞けない。途中で遮って（要するに）、さっさと問題解決してやりたいのである。

キーワードは「要するに」と言ったけれど、それは本人の頭の中のキーワード。ほとんどのタテ型人間は、「要するに、こういうことでしょ」のまとめもせずにいきなり「きみのここが悪い」と言ってくる。

たいていは、すばやく「今、目の前の正解」をたたき出してくるので、危機対応力は抜群。命を守る大事な話法なのだけど、コミュニケーションという観点では分が悪い。

女性蔑視がなぜ起こったか

「そういえば」で話を広げる脳と、「要するに」で話をまとめる脳。この二つが対話をすると、正反対の機能がぶつかって悲劇が起こる。かたや「話を聞いてくれない、思いやりがない、ひどい人」と、相手の心根を疑い、恨みを募らせる。かたや「せっかくいいアドバイスをしたのに逆ギレする。感情的で全体が見えていない」「社会性が低い、プロ意識が足りない、使えない」と、相手の能力を低く見積もり、蔑むことに。

このため、20世紀のように男女の社会的役割がきっちり分かれていた時代には、女は男を恨み、男は女を蔑むという構造ができやすかった。１９８３年入社（男女雇用機会均等法施行の3年前）の私は、女性という理由だけで、プレゼンを拒まれたこともある。「女をよこすなんて、おたくの会社はうちをバカにしているのか」と言われて。名刺交換を拒まれた同僚もいた。

環境が今よりずっと危険な時代に、子どもを無事に育て上げるために、女たちがあえてしてきた井戸端会議的話法が、その真の効用を知らない男たちを思い上がらせたのである。男たちもまた、今と違って、即座に問題解決しないと社会機能が止まり、命が危ない現場にいたので、タテ型思考に磨きがかかっていた。

社会が未成熟で、明日の命が保証されていないと、この傾向は、どうしたって強くなる。女性蔑視は、「社会が未成熟である証拠」でもあるのだ。人々は、このことを直感でわかっていて、女性活躍推進の度合いで国のよしあしを言うのだろう。つまり、女性蔑視は、お国の恥ですよ。もしもまだ、それを心の中にお持ちの方がいたら、覚えておいてね。

ヨコ型回路の逆襲

21世紀に入り、女性の社会進出が進み、男性も育児に参加するようになって、男女ともに、タテ型ヨコ型を入り混じって使うようになってきた。男性が職場で感情的になって泣いたり、女性がＤＶの加害者になったりすることに驚く私たちの世代だけれど、今や、そんなことに驚くこと自体が男女差別なのだと叱られる時代である。

こうなると、男女のミゾよりも、上司のタテ型VS.部下のヨコ型の構造が浮き彫りになってくる。部下が上司の無理解を恨み、頭ごなしの話し方をハラスメントだと断じる。ヨコ型回路の反撃である。

長らく、その真の功績《未然に危機回避して組織を安寧に回し、気づきや発想で社会を豊かにしていること》が評価されず、不当な扱いを受けてきたヨコ型回路が、タテ型回路偏重に陥った世界を正すために起こった揺り戻し現象である。20世紀のうちから、タテ型回路とヨコ型回路の相互理解を言ってきた私には（当時は社会構造により、この使い方が男女に振り分けられていたので、男性脳と女性脳という言い方をしたが）、ハラスメントの認知とその声をあげることは、時代の要請だと感じている。

というのも、21世紀に入り、この世の製品やサービスの機能が複雑になり、バリエーションが増え続けているからだ。20世紀には、生活者の夢（車が欲しい、洗濯機が欲しい、掃除機が欲しい）を実現するだけで精いっぱいだったメーカーも、今や、プロのアイデアを競争力とするようになった。家電製品一つ買ったって、生活者の想像を超える機能がついてくる時代である。情報機器に至っては、次から次に夢が溢れてくる。その夢を見ているのは誰なんだ、って話。そう、企業人である。つまり、実行力のいくばくかを機械が担っている現代社会において、人間の仕事は発想に偏ってきているわけ。気づきを生み出すヨコ型回路を優遇しないわけにはいかなくなってているのである。

日本の国際競争力を作り上げた昭和のタテ型人間（60代以上）や、それに仕えた世代（40〜

50代）が、今は部下に気を使って生きている。特に、この世代の女性たちは、本人の基本の優先側を封じて、タテ型回路の組織論に与してプロになってきたのに、今やヨコ型回路の機嫌を取らなきゃいけないので、ほんと割が合わない気がしているのに違いない。

でもね、安心していい。時代はほどなく舵を切って、中庸の場所に行くから。生成ＡＩが登場したからである。

ＡＩは可能性を探る装置、発想を広げてくれるパートナーである。孫正義さんは、生成ＡＩを話し相手に「壁打ち」で、千個ものアイデアを思いつき特許を出願したと語ったという。千個の新発明とは、孫さんの圧倒的なインスピレーション力に脱帽せざるを得ないが、私も、生成ＡＩ相手にほんの3往復ほどの会話をして、新しいトリセツのヒントを得た。

「最初のインスピレーション」は人間が与えなければならないけれど、ＡＩはあまたの可能性を示唆して、話を広げてくれる。そのＡＩが広げた話を、人間が精査して決断をする。そう、ヨコ型とタテ型をうまくハイブリッドできる人間が、これからの時代は利を得ていくのである。今、割を食っている、タテ型とヨコ型に挟まれた世代が、案外、利を得るかもしれない。そのためにも、タテ型回路とヨコ型回路、それぞれの特性をつかむ必要がある。

冷蔵庫から賞味期限切れ食品を見つけ出す天才

タテ型回路は、「空間全体を眺めて、すばやく特異点をキャッチアップし、それを目標点に定めて瞬時に照準を合わせ、行動を起こす」という役割を果たしている。まさに、優秀なスナイパー（射手）の行動そのもの。

ちなみに、タテ型優先の人は、冷蔵庫の扉を開けたときも、とっさにこの演算を行う。すばやく特異点《危険なもの、そこにあってはならないもの》をキャッチアップして、そこに意識を集中してしまうのである。このため「辛子のチューブを取りに行ったのに、賞味期限切れの納豆に意識をからめとられてしまう」なんてことが多発するわけ。狩人たちの脳の優先順位は、当然、獲物（辛子のチューブ）よりも危険なもの（賞味期限切れ）が上。獲物と敵が同時に現れたら、獲物に気を取られている場合じゃないもの。

加えて、タテ型回路は数字にも鋭敏である。距離感やスピード感をつかんだり、数や量を直感的に把握したり、面の数や角度を認知してものの構造を把握したりする回路だから、数字という概念と親和性が高いのだ。20世紀の上司はよく「数字で証明できる？」というセリフで、ヨコ型女子の部下の直感力からくるなかなかいい発想を蹴飛ばしていたけれど、あれも嫌がらせなんかじゃなく、せっかくの意見だから腹に落としたい一心だったのかも。「きみの思い込みじゃなくて、本当なの？　本当なら、ぜひ信じたい。それが真であることを証明してほしい」みたいな。

数字に鋭敏だから、冷蔵庫の風景の中で、海苔佃煮の瓶の白い蓋にスタンプされた数字、納豆のパックにスタンプされた数字が目に飛び込んでくるわけ。

この世の多くの妻たちが「夫は、頼んだものは持ってこないくせに、賞味期限切れの食品だけは持ってくる」とため息をつくが、これは、タテ型回路が、セオリー通りに動いただけ。嫌がらせなんかじゃ、けっしてないのである。

タテ型回路は、会話をダメ出しから始める

荒野を行くときも、冷蔵庫を開けたときも、タテ型回路は、「空間全体を眺めて、すばやく特異点をキャッチアップし、それを目標点に定めて瞬時に照準を合わせ、行動を起こす」。そして、概念空間もそれに準じる。脳の原初的な領域は、物理空間か概念空間かの区別なんてしてはいないからね。そもそも、目の前の現実の物理空間だって、左右二つの網膜に映った平面的な画像を、脳の視覚野が統合して勝手に奥行きを作り出し、脳の持ち主に見せている、いわば「概念空間」のようなものなのだもの。

というわけで、何か問題が起こったとき、タテ型回路は「すばやく問題点をキャッチアップして、目の前の現実問題の解決に照準を合わせ、さっさと動き出す」ことになる。概念空間の中でも、特異点にいち早く照準が合い、そこに集中して行動を起こさずにはいられない

のである。このため、「開口一番、言ってやりたいことば」がたいていダメ出し。相手にはそれに至った事情も心情もあるのに、それを聞いていられないし、そもそも現実問題が回避されるまでは、事情や心情はどうでもいい。というより、その時点では、この世にそんなものがあることに思い至らないのである。

現代では「コンプライアンス的にどうなの？」と突っ込みが入りそうな事態だけど、脳のこの感覚は、極めて正しい。なにせ、狩りや戦いの現場＝「一瞬の後には命の保証がない現場」で進化してきた回路である。「特異点への注視が最優先。事情や心情がそれに先んじてしまっては命が危ない」という本能の上に制御されている会話なんだもの、「いきなりダメ出し、言い訳も聞かない」のは、あまりにも当たり前だ。そのダメ出しをなんとか呑み込んで、ダメ出しの前にねぎらいを言うマナーを私は熱烈推奨しているけれど（のちに詳しく述べる）、このタテ型のとっさの感覚を「コンプライアンス的」にあまりに抑え込んでしまうと、組織は、危機対応力を失うことになる。

抜群の危機対応力

特異点への注視を最優先する、タテ型回路の「とっさの感覚」は、危機が起こったときの対応の早さと正しさにおいて、圧倒的なアドバンテージを呈することになる。このため、危機対応の現場では「いきなりダメ出し、言い訳も聞かない」コミュニケーションがどうしても必要になる。言われる側にも、その覚悟が必要だ。

私は、外科医や消防士、軍人を描くドラマが大好きで、韓流のそれも欧米のそれもよく楽しむけれど、それらに出てくる「いい上司」の対話のトリセツは、世界中同じである。危機対応の現場では「いきなりダメ出し、言い訳も聞かない」し、それを日ごろから部下に納得させて徹底しているけれど、現場を離れたら、よく話を聞いてやり、ねぎらっている。ジョークも言う。よくよく考えてみれば、このハイブリッド・コミュニケーションが見たくて、私は、手術室や災害現場を描くドラマを観ているようなものだ。

有事の危機対応の現場では、指揮系統が即断・即伝・即行でないと危ない。だから、部下も「いきなりダメ出し、言い訳も聞かない」に納得している。ただし、ドラマの中では、それを乗り越えてでも進言しなければいけないことが生じ、それがほとんどの場合、命や国を救うのである。とはいえ、上司の側も、日ごろの指揮系統が徹底しているからこそ、あえて進言してきた部下のそれを受け入れることができるのだ。部下がのべつ幕なし恨みがましい言い訳をしていたら、本当に大事な一回も軽んじられてしまう。この阿吽(あうん)の呼吸こそが、タテ型回路の対話の真骨頂といえる。

頼りがいのある人は、思いやりのない人と言われがち

有事には、こうして大きな組織もスムーズに動かし、国をも守るタテ型回路だけど、残念ながら平時には「口を開けば、あら捜しとダメ出しばかり。感謝やねぎらいのない、思いやりのない人」というレッテルを貼られてしまうことになる。

1990年代に大人気だった『ダイ・ハード』という映画シリーズがある。ブルース・ウィリス演じる刑事マクレーンが、毎回、テロリストと死闘を繰り広げて、ビルや空港を守り、家族を救い出す。危機に次ぐ危機が彼に襲い掛かり、マクレーンは究極の危機対応力を見せてくれるのだが、当然、タテ型回路らしい口を利くので、家族の評判はすこぶる悪い。幾多の命と妻を救った男が、最後は妻にボコボコに言われて終わるのが、この映画シリーズの定番の終わり方で、観客は、くすりと笑って映画館を後にする。

この『ダイ・ハード』、私自身は、対話の構造を解析する研究を始めたばかりのころに見ていて、タテ型回路の分析に大いに役に立った。「特異点の注視」ができなければ、妻を救えなかった。でも、その脳では、妻に優しいことばをかけられない、そのジレンマが浮き彫りになっていたから。人類の対話の構造を理解した今となっては、マクレーンに言ってあげたい――有事と平時では、脳を切り替えないとね。

たとえば、玄関を入ってすぐ「階段の電気つけっぱなし」にイラっとしたからといって、そこから夫婦の会話を始める必要ある？　「いい匂いだね。そろそろ、きみのカレー食べたかったんだ。――あ、階段の電気ついてたけど、何か二階に行く用事あるの？」でよくない？　命にかかわらない案件だし、ここにおける対話の目的としては、夫婦の絆の確認が優先では。

有事には「いきなりダメ出し」でいいけど、有事でなければ、その限りではない。タテ型優先の人は、そう心得るべきだ。

上司と部下の間で、有事感を揃えておくこと

救急救命の手術室や、火事や災害の現場は、有事の極みである。ドラマを観ている人間にだって、「いきなりダメ出し、言い訳も聞かない」が正義だとわかる。難しいのは、それ以外の場所。上司が有事だと判断したのに、部下はそう思っていないとき、部下は恨みを募らすことがある。

たとえば、部下の顧客対応にミスがあったとき、上司は有事だと思って「あなたの確認不足！　すぐに○○しなさい。言い訳はいいから急いで」と言ったとしよう。部下の側に「お客様に『テキトーでいいから急いで』と言われたからそうしただけなのに、僕は悪くない」

のような事情と心情があった場合、部下の側に有事感がなければ、「頭ごなしに怒鳴られた。人前で辱められた」と感じて、ハラスメントとされてしまう。

せっかくの的確な指示を、ハラスメントに変えないためには、上司と部下の間で、事前に有事の感覚を揃えておく必要がある。「顧客対応にミスがあったときは、どのような理由があってもプロの側の落ち度と心得ます。プロには、顧客を正しく誘導する義務があるから。その場合は、リカバリーに全力を集中するよ。現場で多少厳しい口を利くけど、ついてきてね」のように。

20世紀と21世紀では、職場の危機感が違う

20世紀生まれの読者の方は、「そんなの暗黙の了解でしょ。そこまで言う必要ある？」と思うかもしれないけれど、残念ながらあるのである。一言で言えば、時代が違うってことだ。

20世紀には、あらゆることが人の手で行われていたので、現場のミスがそのまま大事に至ることが多かった。鉄道のダイヤを引くのも指定席券を発行するのも人の手、銀行のお金勘定も人の手、調薬も粉薬を包むのも人の手。そんな時代のプロたちの緊張度は高く、何か事が起こったときの自己責任感も強かった。だって、自分の手元のミス一つで、お客様が席に

座れなかったり、支払いに失敗して会社の危機に陥ったり、命に関わったりするわけだから。わずかな油断でも、指摘されれば「すわ、有事！」となって、叱られることなんか怖くもなかった。お客様に起こることに比べればね。その感覚を、21世紀の人たちに押し付けるわけにはいかない。

自己実現を仕事の目的にするのは危ない

しかも、ここ20年ほど、この国の職業教育は、「組織や国の歯車になること」ではなく、「あなた自身の自己実現のため」に行われている。「将来どんな自分になりたいのか理想像を描きなさい。そして、そのために今何をすべきかを考えよう」――そんなふうに導入されてしまったら、脳は「職場は、自分自身の人生を輝かせるステージ」だと思い込んでしまう。当然、顧客ではなく自分が主人公。だから、上司にミスを指摘されたとき、「人前で恥をかかされた」と感じることになる。「ミスを指摘されて、顧客の被害を最小限にすることができた」と安堵するのではなく。今や「部下のミスは人前で指摘してはいけない」が不文律になっているのも、当然の帰結と言っていい。

20年ほど前、自己実現や夢ということばが職業教育の場に登場したとき、私は、かなり厳しく警告した。仕事は「自分が輝くためのステージ」なんて刷り込まれてしまったら、若い人たちが無駄に傷つくことになるからだ。だって、脳の世界観が「自分」でいっぱいなのだもの、自分の失敗が「世界の終わり」に感じてしまうはず。その絶望を、私は心配したのである。

１９８３年入社の私は、「きみたちは小さな歯車にしか過ぎない。しかし、その歯車が止まれば会社が止まり、社会が止まる」と言われて現場に送り込まれた。今機械がやっていることの多くを人間がやっていた時代、人間は文字通り歯車にならなければいけなかったのである。

自分が小さな歯車だと思い込んでいたら、失敗も、脳の世界観の中では小さな話だ。上司にこっぴどく叱られたって、「俺もまだまだ。次はちゃんとやる！」と新たな意欲が湧く。もちろん、小さな歯車が全体を止めてしまうことは心得ているから、失敗自体は大ごとだとは思っている。だからこそ、上司に叱ってもらえてありがたいのである。

こう書くと、昭和の歯車人間礼賛のようだけど、そうじゃない。昭和においては美しい職業倫理だったけど、歯車人間には21世紀に必須のセンス＝発想力が足りない。発想力がなければ企業価値は作れない時代に、歯車人間になれなんて言わないが、歯車の感覚を忘れてはいけない。傷つきやすい心で生きていくには、この世はあまりに過酷だからだ。

失敗に「終わった」と感じ、上司の叱責（たぶん上司は指導しただけのつもり）に心が折れるのは、その人の責任じゃない。社会によって脳がそう初期化されたのだから、脳はそう動いただけ。とてもシンプルなことだ。

昭和に社会人になった私たちも、「職場は自己実現のステージ」と言われて育てば、当然そうなっていたはず。自分を「止まれない歯車」だと自認していた私たちは、そりゃ現場に立った日から、プロ意識と、自分がミスしたときの有事感はたしかにハンパなかった。でもね、「止まれない歯車だ」と言われて現場に送り込まれた私たちの世代が、その反動のように「自己実現」ということばで若い人たちを育てたのである。自分たちのタフさに比べて、今の若い子は……と嘆くのは、やっぱり違うと思う。ハラスメントとコンプライアンスで動きが取れなくなってきている若い世代に対して、私たちの世代には大きく責任があるように思えてならない。

そして、社会人の脳の初期化に「自己実現」「夢」を使うのは危ないと言ったけれど、AI時代には、「止まれない歯車」も正解じゃない。ここからの社会に欠かせないのは、心理的安全性というセンスだ。この「心理的安全性」こそが、この本の底流にある重要な概念なのである。この話は、のちほど。

ヨコ型回路は、事情や心情を語ろうとする

タテ型回路が、結果や数字にこだわる一方で、ヨコ型回路は、事情や心情にこだわる。このため、何かトラブルが起こったとき、感情的になってことのいきさつを言い募ることになる。

もう30年以上も前、私がシステムエンジニアとしてチームを率いていたころ、部下の一人が、彼女が担当している客先のシステムがダウンしたことを告げに来た。その彼女の最初のセリフが「そういえば3ヵ月前」だったのである。「そういえば3ヵ月前、私がAさん（客先の電算部長）に○○○と言ったら、□□□と言われて、あのときから、いや〜な予感がしてたんです」。それを皮切りに、Aさんの理不尽な態度が、次から次に明らかにされた。「あの人、私のことをなめてるんですよ」と憤慨しながら。

当時は、大型コンピュータ（メインフレーム）の時代で、大きな企業には小型トラックほどのコンピュータを置く電算室があり、それをお守りする電算部門があった。私たちメーカーのエンジニアは、ここに常駐することも多かった。電算部門の方々は、その企業に設置してある当該コンピュータに最も詳しいので、若いメーカーエンジニアを下に見る傾向にある。もちろん、その扱いが妥当な場合もあったけれど（新人エンジニアが客先の電算部に育ててもらうことも多々あった）、意見を軽視されて、エンジニアとしての職務を果たすのに支障をきたすこともあった。男女雇用機会均等法が幕を開けたばかりで、女性は特にこの憂き目にあうことが多かったのである。

私は、彼女がストレス解消か相談にやってきたのだと思って話を聞き始めたら、ほどなくしてシステムダウンだったことがわかった。「だから、こうやってシステムダウンなんかしちゃうんですよね」というセリフで（苦笑）。

私が、普通のタテ型上司だったら、彼女はここで、こっぴどく叱られていたはずだ。大事な結論を言わず、問題解決の糸口も探さず、感情的になって愚痴を垂れ流すなんて……おまえはバカか？（20世紀はこのセリフが言えた）全体が見えていない、プロ意識が足りない、使えない、愚痴や言い訳は聞きたくない——そんなふうに。

けれど、私はそうじゃない。職務上、タテ型回路を優先しているものの、基本、強めのヨコ型で、そのうえ、脳というシステムを追究している。そんな私は、直感したのである。彼女は今、「感情でしか起動できない演算」を起動して、「感情でしか見つけられない答え」を探っていると。だから、彼女の話を遮らなかった。

結果、そのおかげで、劇的な速さでシステムを再起動できたのである。

感情的になることも、脳の大事な入力ファクター

感情的になって、主観的なことを言い募る——これは、組織の中では嫌われる話法であ

る。社会的に未成熟な会話とされ、心理学でも、感情をコントロールできることがよしとされている。プライベートな会話でも、聞いていてイラつくと思っている人も少なくないはず。

感情的になるのはダメ？

私の研究の立場から言えば、答えはＮＯだ。感情的になるのも、知的演算のための大事な入力ファクターの一つ。脳の中には、感情でしか起動できない演算があるのである。そして、その演算こそが、感情を持たないＡＩにはけっしてできない、人類だけの営み。気づきと発想をもたらす、素晴らしい演算なのだ。

感情的になって、他者を攻撃し、周囲の脳の性能を下げるのは賛成できないが、「答えを見つける本人」がときに感情的になるのは、本人の脳の性能を上げるための大事なイベントと言っていい。

感情的になって、主観的なことを言い募る――すなわち、感情とともに記憶を想起すると、ヒトは、その記憶を一定程度リアルに再体験する。だから、最初の体験のときには見えなかったものが見えてきて、気づきが起こるのである。

先の女性部下は、感情的になって、３ヵ月の出来事を反芻した。おそらく、その経緯の中に何かヒントがあると、脳が直感したのである。彼女は通常、そんなふうにヨコ型にいきなりスイッチが入る人じゃなかったから。

かくして、話の途中で彼女は「あー」と声を上げた。「あの会議のときだ。私の意見に、あの人が斜めの意見を突っ込んで……あのとき、私が混乱して……あそこ！」

走り去っていった彼女は、ものの15分ほどで、トラブルを解消してくれた。これこそが、ヨコ型回路の「感情的になって、ことのいきさつを言い募る」演算の真骨頂である。感性（感情と経験知のハーモニー）が織りなす、人類ならではの非常に知的な演算の一つ。

こんな脳の奇跡も、他者には脳内を自在にジャンプしていくしゃべり方が混乱しているように感じられるので、知的だと思われてこなかった。哲学や心理学でも、この感性演算は分析対象外、というか世界観の外。男性たちの脳（基本タテ型）が生んできた20世紀までの人類に関する学問は、この世の半分しか語ってこなかった。

人工知能研究は、人間の潜在意識に踏み込むことになった。おかげで私は、日常のさりげないセリフにこそ、ＡＩには手も足も出ない洗練された演算が潜んでいることを知ったのである。

ヨコ型回路の「そういえば」は、過去へタイムスリップする〝呪文〟

ヨコ型回路優先型は、脳のタイムトラベラー。「そういえば」で過去のあらゆる時間を自在に再体験できる――そう表現したら、「感情的になって、過ぎたことを言い募る、厄介な会話」だと思っていたものが、洗練された才能であることが心に迫ってこない？

タイムスリップの道のりは二つ。一つは、ここまでの経緯をたぐり寄せること。もう一つは、過去の類似事象に一気に飛んでいくことだ。

1年ほど前、我が家の孫息子（当時1歳8ヵ月）が、急に何も口にしなくなった朝があった。大好物のヨーグルトをスプーンですくっても、口を開けない。飲み物も一滴も飲まない。かといって、特段具合が悪そうにもしていない。

困り果てた私はふと、「そういえば、夕べ」と思い出した。「お風呂上がりにアクアライト（リンゴ味のやや酸っぱいジュース）をあげたとき、珍しく嫌がったっけ。いつも、ごくごく飲むのにおかしいと思ったのよね」

それを受けておよめちゃんが、「そういえば、パンを飲む込むとき、急に不機嫌になった」「喉（のど）ね」と私、「喉だね」とおよめちゃん。と同時に、私の脳裏には、30年前に息子が同じように突然何も食べなくなったときのことが浮かんだ。「そういえば、ゆうさんにも同じことがあった」と。「これはヘルパンギーナだわ。小児科よりも、耳鼻咽喉科のほうがいい」

が私の結論。実際、その通りだった。ヘルパンギーナは乳幼児特有の喉の感染症で、喉の痛みは強いのに、それが始まったときには熱が出たりぐったりしたりするわけでもない、腹痛を訴えるわけでもない。飄々（ひょうひょう）としたまま、口を開けないので、大人はおおいに戸惑う。私自身は、人生に二回だけ、息子と孫で経験したのみ。だけど、30年の時を隔てて、ちゃんと思い出せた。

私たちは、3つの「そういえば」で、根本原因にたどり着いたのである。「そういえば」で掘り起こせる経験の数が多いので、こういうとき、おばあちゃんの知恵は最強（微笑）。「そういえば、夕べ」「そういえば、保育園で」「そういえば、上の子のとき」「そういえば、前にテレビで」……子育ての現場では、何万回「そういえば」を言うかわからない。母や祖母たちの「そういえば」が、幾多の命を健やかに育ててきたのである。

それを知っている私は、目の前の人が「そういえば」を口にしたら、「あなたは今、どこに飛んだの？　何を見つけたの？」と嬉しくなっちゃうけれど、タテ型回路を起動中の人はそういうわけにはいかない。今、目の前の現実に全力で集中しているのに、自分には行けない「頭の中の世界」に飛んで行ってしまうのだから。

それでも、今日からは、「そういえば」のタイムスリップに多少寛大になれるでしょう？　ほんの数分、待ってあげればいい。できれば、共感したり、ねぎらったりしてあげてほしい。時間旅行の速度を上げられるから。共感やねぎらいをもらうと、記憶の再現速度が上がるのである。

ヨコ型回路は、過去をたぐって未来に備える

「そういえば」は、過去へタイムスリップする〝呪文〟だけど、そこから未来へ一気に飛びもする。

たとえば、スーパーマーケットでケチャップと目が合ったとき。「そういえば、うちのケチャップ、もう3分の1切ってたよね。子どもたちに、週末オムライス作るって約束してたから、買って帰らなきゃ」。私たち主婦は、そんなふうにして、買い物リストにない商品もかごに入れていく。

このなんでもない買い物の風景だって、脳で起こったことを解析してみると、驚くべき演算なのである。まず、スーパーの何百という商品の中から、「今、我が家に必要な製品」とちゃんと目が合うこと、目が合った瞬間、我が家のその製品の最終シーンがありありと脳裏に浮かぶこと。これだけだって、コンピュータにやらせようと思ったら、膨大な処理になる。その上、口約束しかしていない週末のメニューまで思い出して、ケチャップはかごに収まるのである。さらに、レジでは、お財布を開けたとたんに「そういえば、あの子の月謝、

明日だわ」と気づいて、わざわざお札を出して、小銭を作ったりもする。

こんなふうに自由自在に記憶をたぐり、臨機応変に未来に備える装置を作ろうとしたら、並大抵のことじゃない。人工知能が最後まで人間のレベルを超えられないタスクは「家事」だと言われる所以である。

タイムスリップの原動力は感情である

数ある記憶の中から、その場に必要なそれをすばやくキャッチアップし、ダイナミックに統合演算する。この奇跡のような演算が起動されるきっかけが「情動」なのである。

トラブルが起こったときには、怒りや恐怖、戸惑いがその原動力になる。家事や育児の現場で何千と繰り出される奇跡の演算は、家族への愛や、家への愛着が原動力となっている。あるいは、人生を愛でる気持ち。自分自身のそれ、大切な人のそれ。

逆に言えば、家族への愛や、家への愛着が薄れると、脳は「そういえば」を紡がなくなる。

妻（夫）が感情的？　それは、奇跡の演算が行われている証拠。

妻（夫）が蒸し返しの天才（済んだこと、もう何度も謝ったことを、また責める）？　それは、あなたに愛着がある証拠。

家事の総司令官である人は、ヨコ型回路を激しく使わないと家が回らない。それに子育てが加わったら、感情的になって、過去の蒸し返しをするエンジンをぶん回さなければ、家族を守れない。周囲がいくら家事や育児を手伝っていても、頭の中で全体を統合している最終責任者は、この脳の演算を免れないのである。

今日も家がうまく回っているとしたら、その立役者に感謝しよう。目に見えない演算を軽視していると大変なことになる（かも）。

「目に見えない能力」を軽視するのはもったいない

はたから見てそうは見えないが、脳の中では、特別な演算が繰り広げられている、という意味では、オーティズムの脳にも、同じことが言える。オーティズム（Autism）は、自己完結型の脳という意味。日本では「自閉スペクトラム症」と称されるが、私は英語の呼び方のほうが好き。独自の世界観を持ち、集団行動が苦手な脳の持ち主のことだ。

ヨコ型回路の感情的かつ主観的な思考と話法が、究極の真実を見つけ出す才能を孕んでいるように、はたから見たイメージと、脳の中の出来事は違う。一見社会性がない言動でも、学校教育において優等生になれなくても、能力が低いと断じるのは早計である。特にＡＩ時代に入った今、人と違う感性は圧倒的な強みになる上に、社会性はＡＩが担保してあげられる。ＡＩ時代は、オーティズムや、不登校の経験がある人間がチームに一人くらいいないと、成果が出せない時代なのである。

そう考えると、さまざまな個性を容認しようとする「多様性」という概念もまた、時代の要請なのだろう。

「転びそうになったけど、転ばない」話の効用

タテ型回路には見えない、ヨコ型回路の対話の効用について、もう一つ、加えておこう。

あるとき、私の同僚の男性が「女性って、転びそうになったけど、転ばなかった話をするよね。あれって、どう返事をしたらいいかわからない」と嘆いたことがある。

その少し前、彼のチームの新人の女性が、フロアに入るなり「さっき、駅の階段で滑って落ちそうになって……本当に怖かった」と発言したのである。それを受けて、彼が「で、何段落ちたの？」と尋ねたのを、隣のシマに座っている私は聞いていた。心の中で「〇〇くん、やっちゃったね」とつぶやいたら、案の定、彼女は「え？　落ちてませんけど」と言って、イラっとした様子で席に座って仕事に戻ったのである。

私は、共感すればよかったのよ、と教えてあげた。「怖いよね。あの駅の階段、広いし急

だし、真ん中に手すりはないし」と言えばよかった、と。

彼はわけがわからないという顔をした。彼の心の声を私が翻訳すると——え、『怖かった』に、『怖いよね』を返すだけ？ それって、何も得るものないでしょう。せめて、『そんなハイヒールを履くのなら、手すりにつかまるくらいの自己管理をしないとだめだよ』くらい言ってやらないと。

彼に賛同する人は、よーく聞いて。「怖かった体験」を言いふらすのは、ヨコ型回路が危機回避力を上げるためのエクササイズなのである。感情と共に記憶を想起すると、脳はその記憶を再び体験する。つまり、怖がりながら話すことで、「怖かった体験」を追体験し、脳の経験知を上げ、今後、広くて急な階段の真ん中に押し出されないよう直感的に行動するセンスを脳に授けているのだ。

くれぐれも、「ハイヒールうんぬん」のいらぬアドバイスで、そのエクササイズを邪魔しないように。

ヨコ型優先の人が、自分の身に起こったさまざまなことを語るとき、その大目的は、自分の脳の追体験や、記憶からの気づきである。女性はよく「アドバイスが欲しいわけじゃない。ただ聞いてほしいだけ」と言うのだが、単に甘えて愚痴を垂れ流しているわけじゃない。その水面下で、究極の脳の進化がなされているのである。特に子育て期に、この傾向が強くなる。もちろん、子どもを守るためだ。

体験語りは、脳のエクササイズ

母たちは、怖かった体験は、特に黙ってはいられない。

たとえば、幼い子どもが台所に入ってきて、フライパンを使って料理している最中に、幼い子どもが台所に入ってきて、フライパンの持ち手をつかみそうになって、ぞっとした。もしも、あんな低い位置からつかんでいたら、熱い油を頭からかぶることになったはず——そんな翌朝、公園でママ友に会えば、それを言いふらさずにはいられない。もう一度、怖がりながら。

怖がりながら、その状況を話す（感情的になって、記憶を想起する）と、脳は追体験をする。たった一回しか、子どもを危険な目に遭わせていないのに、言いふらすたびに経験知を増やして、ベテランママになっていくのである。ここから先は、無意識のうちにも、二度と再び、フライパンの持ち手を手前にしたまま手を離すことがないはず。

一方、聞くほうも、子育て中のママならヨコ型回路が活性化しているので、強く共感して、怖がりながら聞くことになる。感情的になって話を聞けば、脳は、疑似体験をする。こちらは、自分の子を危険な目に遭わせたわけじゃないのに、その経験があるかのようなベテランママになっていく。

感情的になって言いふらす、それを感情的になりながら聞く。女性たちのそんな雑談を「利のない無駄話」と侮ってはいけない。脳の危機回避力を劇的に上げる、けっこう直接的な演算なのだから。その〝無駄話〟のおかげで、あなたは無事に育ったのである。

そして、最近では、この雑談力に気づいた企業もある。「雑談のススメ」というテーマでの講演依頼をいただくこともあるくらいである。

動揺する脳が、危機回避力を蓄える

人生で最もうっかりミスが許されないイベント＝子育てに際して、脳は、この能力を最大限に上げようとする。だから、若い女性は動揺しやすいのである。男性や中年以降の女性に比べて、驚くし、怖がるし、悲しむし、寂しがるし、涙も出る。恋をすれば、その度合いも強くなる。そんな女性も、経験知が増えてくれば、動揺することの種類が減ってくる。やがてど〜んと構えて動じなくなってくるころには、その脳は、危機回避力の権化になっているはず。

ことが起こったとき、動揺すること。怖がったり、心が揺れたりすることが、いくばくかの時間、続くこと。これは、脳が危機回避力を蓄えるための大事な仕掛けだ。

もちろん、男性にも、そのタイプ（ヨコ型優先）がいることを言っておかなければね。私のゲイの友人たちは、まさにそう。繊細で、きらめくような発想力があって、体験語りがうまくて、愛おしい。こう書くと誤解されそうだが、ヨコ型優先の男性のほとんどは性的指向はジェネラル（一般的）である。ただ、強くヨコ型優先を呈する男性の中に、ときに女性よりも男性を愛するほうが自然という人がいるのである。

ヨコ型回路は、平時の危機回避力が高い

泣いて笑って、胸をときめかせたり痛めたりして、やがて動じない大人になった人たちを、組織は、危機回避力と発想力を必要とする場所に配置しなければならない。私は、そのことを、男性社会に訴えてきた。

あるとき、自衛隊新聞のコラムにそのことを書かせていただいたことがある。——ことが起こったとき、動揺したり、冷静になれない個性を封じすぎないで。もしも、動揺する自分を情けないと思うことがあったら、思い出してほしい。あなたの今日の動揺が、明日の仲間や国を守るのだということを。

女性隊員へのエールを込めて、そう書いたのだが、男性隊員から丁寧なメールをいただいた。曰く、自衛隊では既にそのことを知っている、と。過去のデータ解析から、平時の危機回避能力に関しては、女性がいるチームのスコアが圧倒的に高いことが確認できているのだ

という。たった今(メールをいただいた当時)、尖閣諸島を守っているトップは女性です、と。そのメールは締めくくられていた。

タテ型回路は、有事の危機対応力が高い

あまり動揺しない(「さっき、駅の階段で落ちそうになって、怖かった」なんて反復したりしない)脳の持ち主は、脳の直感域を、動揺する人ほど柔軟には書き換えないので、同じ危険な目に、何度も遭うことになる。母や妻からすれば、男たちの多くが「懲りない人」に見えるのも、さもありなん(微笑)。とはいえ、こちらは狩り仕様の脳だから、それが正解。荒野を行く脳は、いつまでも動揺していると危ないから、すばやく動揺から抜け出さなくてはならない。それに、二度と危険な目に遭わないように脳を書き換えていたら、早晩、狩りや戦い、冒険の旅に出られなくなるもの。

何度も危険に遭遇するこちらは、危機一髪の経験知が高くなるので、ことが起こったときの判断がすばやく、行動が早い。タテ型回路は、目の前の現実空間から一秒たりとも意識を逸らさないので、もとより、こういうことに向いているのである。

動揺する脳と懲りない脳が経験知を積むと、危機回避力の神と、危機対応力の神になる。私たちの脳には一秒も無駄がない、と私が感じるゆえんの一つである。脳を追究していく

と、欠点だけの欠点はこの世にない。

そして、ヨコ型回路とタテ型回路が手を組めば、隙がないのである。平時の危機回避力と、有事の危機対応力を担保できるのだから。

恋人たちは、寄り添って「世界」を手に入れる

タテ型回路を起動したとき、ヒトは特異点に集中し、「なにをすべきか」（結果、成果、ゴール）に意識を向ける。

ヨコ型回路を起動したときは、ヒトは記憶をたどり、「これはどういうことなのか」（事情、心情、ことのいきさつ、プロセス）に意識を向ける。


タテ型回路は空間認知を司る回路で、「今」に特化するゴール指向型。

ヨコ型回路は時系列を司る回路で、「過去」や「未来」を自在に行き来するプロセス指向型。

こうして並べて書くと、この二つの回路が、世界を真っ二つに分けているのがおわかりになると思う。

そして二つが一つになれば、現在・過去・未来、プロセスとゴール――そう「概念世界の

すべて」を凌駕することになる。これに遠近という「物理空間のすべて」が加わるのだから、脳をとっさにタテ型とヨコ型に振り分けることは、とてつもなく理に適っている。

惚れ合う二人は、この二つを分けて持った運命の半身で、結ばれれば世界を手に入れた感じがするのも当然なのだ。

脳はこの世で最も美しいシステム

私たちの脳を設計した〝システムエンジニア〟は、あまりにも優秀だ。私たちの脳に施されたシステムエンジニアリングは、数万年の進化がなせる業（わざ）。この星のすみずみまで棲息する人類（しかも過去50年で、40億の人口が80億に膨れ上がった）の脳は、生殖のあらゆる選択肢において「より生存可能性が高い」ほうを選び続けてきた果ての芸術品と言っていい。この世で最も優秀なシステム、最も美しいシステムである。

私はシステムエンジニアとして、脳というテーマを与えられたことを、自分の人生の奇跡だと思っている。そして、多くの人、いやすべての人に、脳というシステムの美しさを伝えることが使命だと心得ている。システムエンジニアリングの世界から見た脳の美しさ――その中には、多様性《ジェネラル（一般的）でない脳の持ち主》も、ちゃんと美しく収まるのである。誰もが、自分の脳の赴くままに生きればいい。ただし、他人のそれも容認し、尊重し合いつつ。それぞれの社会で「理想の規範」を決めてそうでない脳を攻撃するのは、もうやめない？　たとえば「他人に褒められる子」「一般的な優等生」を目指して、子どもを小突くのも。穏やかに人生を卒業するために用意された「老い」という優しいプログラムに抵抗して、もの忘れやシワにため息をつくのも。

タテ型回路優先（合理的・客観的、目標達成、問題解決）であることが知的で社会的成熟度が高いとされた20世紀、ヨコ型回路優先の「女性らしさ」は侮蔑の対象だった。女性もタテ型回路に潔く切り替えることで、やっと社会参加を許された。けれど、「脳という美しいシステム」を知ったシステムエンジニア（私）は、それは危ないと直感したのである。だから、声をあげることにした。

２０１４年にペンシルバニア大学が、タテ型とヨコ型の神経信号図を発表するまで、私はよく、「何の根拠があって、男女は、脳を真っ二つに分けた二つの感性を分け合っていると主張するのか。解剖学的な所見で確認できないものは科学とはいえない」と反論された。私は、「科学的な証明がない」という突っ込みに言い訳をしない。そもそも実利を追求するエンジニアリングを科学というかどうかは微妙なところだし（理論物理学からエンジニアリングの世界に入った私自身が、二つの学会の思考法の違いに戸惑ったのを覚えているので）。しかしなが

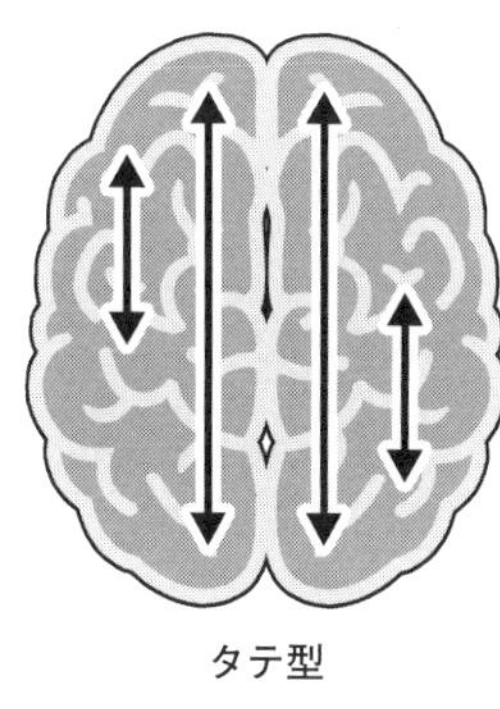

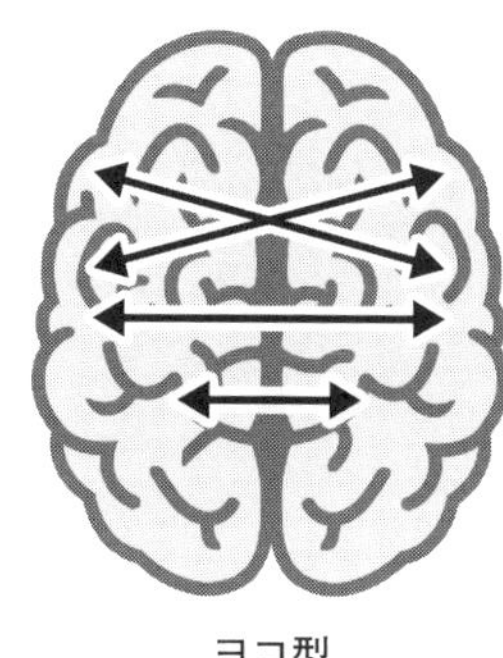

タテ型の神経信号、ヨコ型の神経信号

ら、根拠はもちろんある。

私はシステムエンジニアなので、二つの観点をもって、システム解析を成功したとする。一つは、設計図を眺めたとき、世界観の解釈に完全性が感じられること。もう一つは、ここで解明した仕組みを応用すれば、現実世界に普遍的な解決策をもたらすこと。私はこの二つの観点から、プロとしての確信をもって、脳というシステムの解析に一定程度（現実世界に応用していい程度には）成功したと確信したのである。

男女に限らず、同じミッションを遂行する複数の脳は、二つの感性を持ち寄る。繰り返しになるが、その二つの感性が合体すれば、現在・過去・未来、プロセスとゴール、遠近、すなわち概念世界を凌駕する。そして、危機回避力と危機対応力も。これ以上の完全性がどこにあるだろう？　そして、このシステムから割り出された対話法は、夫婦、親子、上司・部下のコミュニケーショ

	タテ型思考	ヨコ型思考
事象の見え方	遠くの一点に照準を合わせる	近くを満遍なく綿密に見る
意識を向ける対象	特異点に集中。 「何をなすべきか」	記憶を辿る。 「これはどういうことなのか」
危機への向き合い	危機対応力	危機回避力
対話の通信線	事実の通信線 （客観的事実を基軸）	心の通信線 （共感で紡ぐ）
対話特性	ゴール指向問題解決型	プロセス指向共感型
対話の目的	対話の目的は解決	対話の目的は納得
対話の始め方	結論を先に話す	結論の前に、トラベリングトークを展開する
よく口に出すワード	要するに	そういえば
話が通じないとき	相手の能力を低く見積もる （なぜ、わかろうとしない）	相手の心根を恨む （なぜわかってくれない）

タテ型思考とヨコ型思考の違い例

ンに実際役立っている。次章では、具体的な対話法についてお話ししよう。

第3章　対話の奥義　〜ハイブリッド・コミュニケーション

前章までに書いたように、私たちの脳には、無駄なことなんて1ミリもない。「なんで今、この話？」「どうして、こんなこともわからないわけ？」「ひどい人」「愚かだ」、そんなイラつきを生み出す相手の言動も、その脳が遂行しようとしているミッションから見たら、ほとんどの場合、理に適っている。

こうなったら、「このとっさの言動には、きっと一理ある」で、すべてを始めない？

もちろん、とっさにはイラつきは止められない。私だって、夫の言動にかみついちゃうこともある（歯じゃなくて、ことばでね）。けど、いくばくかの時間が経った後は、「たしかに、彼の脳にしてみたら一理ある」で受け止めている。

誰だって、とっさの神経信号は止められない、口に出してしまうほうも、受け止めるほうも。だから、この本をマスターしたからといって、イライラもやもやがゼロになるわけじゃない。でもね、イライラもやもやを恨みに変えない、蔑みに変えない。それは、とても素敵なことだと思う。

タテ型回路の対話特性

タテ型回路は、特異点（今、注目すべき一点）に意識を集中して、それを制することを急ぐ回路である。獲物を見つけたら、それを狩ること。ボールが飛んで来たら、それをつかむこと。問題点を見つけたら、それを解決すること。ここに至った事情や心情などはいったんシャットアウトして、即実行のためにすべての意識を集中する。

当然、話の進め方もそうなる。いち早く問題点を見つけ出し、ダメ出しから入り、さっさと処理しようとする。目の前に100の事象があったとして、たった1個だけ問題があったとしたら、その1から話題にする。

そのうえ、解決を急ぐあまり、相手の話を最後まで聞かずに「要するに」でまとめることも多い。タテ型優先の人は、話を皆まで聞かずに正解を出すことこそが、最大の理解だと信じているから。

というわけで、「要するに、こういうことだよね」からの「きみにも非がある。こうすればよかったんだよ」というダメ出し系アドバイスは、タテ型回路が絶好調のときの「理解と愛に溢れた会話」なのだ。「あなたの話をちゃんと理解した」証拠として「要するに」があり、「あなたをいち早く救いたい」気持ちの表れがアドバイスなのだから。

タテ型優先の人は、「いい、悪い」、つまり、何が正しいか(正義か)を判断基準にし、全体がうまく機能すること=合理性を尊ぶ。これがヨコ型優先の人には、人の事情や心情を踏みにじる人に見えて、恨みを買うことがあるのだが、「全体がうまく機能していること」「成果にこだわること」がこの世の正義であり、ひいては個々人のためであると信じて疑わないだけ。けっして、ひどい人なんかじゃない。

何度も言うけど、狩りの現場で進化してきた回路である。チームが一丸となって目標を制するために動くことで、一族の生存を担ってきた誇り。それが、タテ型回路の原動力である。

この対話方式を一言で言えば、ゴール指向問題解決型。事実に特化して話を進めようとするので、英語ではFact-Orientedと表現している。

ヨコ型回路の対話特性

ヨコ型回路は、周囲を満遍なく把握して、かすかな異変にも気づこうとする回路である。空気の揺らぎまで察知するので、気配さえも逃さない。

ヨコ型回路の「満遍なく把握する」は、目の前のことにとどまらない。とっさに記憶領域に入っていって、ここに至った事情やいきさつ、相手の心情にもきめ細やかに目を向ける。過去の類似事象を芋づる式に想起して、それらを統合して経験知をダイナミックに創生することもある。「そういえば、あのとき。そうそう、あのときも……これって○○じゃない？」のように。

このように情動というトリガー（きっかけ）を使って記憶領域を自在に行き来するので、対話でも当然、感情豊かに過去の記憶を語ることになる。そして、その話は、共感で聞いてもらうことが必須。心置きなく記憶の深層に入っていくことができ、検索速度も俄然上がるからだ。さらに、対話の最終ゴールは、みんなで腹落ちすること（深く共感し合うこと）。個人の腹落ちが、他者の腹落ちを誘えば、それは、直感が正しかった証明になるからだ。

つまり、ヨコ型優先の人にとって「共感」とは、連想記憶の速度と精度を上げてくれるブースター（増幅装置）であり、自分の脳が正しく動いていることの証明でもある。共感があまりにも重要すぎて、こうして説明していても、共感してもらえないヨコ型の気持ちを思って、切なくて胸が痛くなるくらい。

タテ型起動中の人には、いま一つ、このあたりの「共感への切望」がわからない。共感を単なる合いの手だと思っているから、共感をすっ飛ばして、ダメ出しから口にしてしまうのである。どうか、今ここで、コミュニケーションにおける共感の重要性を胸に刻んでほしい。幼子や年老いた親たちのたわいない話も、せめて第一声だけは共感で受けてあげよう。

対話の目的は「今すべきことを決する」だけじゃない。脳を活性化したり、癒したり、心を通わせたりするためにも、私たちは対話をする。その役割を担うのが、感情たっぷりに過ぎたことを語って、大いに共感してもらう、この対話方式なのである。

ヨコ型優先の人は、「好き、嫌い」（「快、不快」「したい、したくない」）にこだわる傾向もある。「私、嫌なんです」「納得できません」などと言い出したら、タテ型優先の人には厄介だと思われがちだが、「好き、嫌い」のセンサーは、感性検索をうまく進めるための大事なトリガーだ。

これが傍目には、主観的で（全体が見えていない）、話がとっ散らかっている（目的から逸れている）ように見えることも。もとよりヨコ型回路の対話目的は、脳の深層から答えを釣り上げることであって事実の確認じゃない。話は、決して逸れてなんかいないのである。

感情をトリガーに、脳内を自在に行き来して気づきを生み出す、この対話方式を一言で言えば、プロセス指向共感型。感情や情動を基軸に紡がれていく対話なので、英語ではEmotion-Orientedと表現している。

AI時代に、人類が肝に銘じなければならないこと

タテ型優先の人が、人の心を踏みにじるひどい人でないように、ヨコ型優先の人も、話がまとまらない愚か者なんかじゃない。「感情」と「共感」――この二つは、記憶領域を、瞬時に、深く広く自在に行き来することを可能にしている。こうして、ＡＩには容易には真似

できない、洗練された感性演算を遂行しているのである。

20世紀までの人類は、多くの人が「一瞬のミスが、命や人生にかかわる現場」にいた。今や機械がやっていることのほとんどを人がしていたからだ。20世紀の工場も病院も銀行も、狩りの現場のように緊張感があった。となると、現場の対話は、強くタテ型にならざるを得ない。感情論は論外、共感なんてしている暇はないから。

2023年、生成AIの大活躍が始まった。わが社では、私の発表原稿のイラストを描き、コピーライターも務めてくれている。今や、人間の役割は、勘やインスピレーション、それをことばにできる対話力に集約してきている。今こそ、「感情」と「共感」の対話を見直すときだと私は思う。

感情を口にすると嫌な顔をされ、共感してもらえない対話では、ヨコ型優先の人は、手足を縛られているようなもの。職場はもとより、家庭でさえ横行している「感情」や「共感」の軽視を、今こそ止めなければならない。

タテ型優先の人はもちろんだが、ヨコ型優先の人自身も肝に銘じたほうがいい。ヨコ型回路の特性を、社会性が低いと恥じているのは、むしろヨコ型優先の優等生に多いから。自分を解放してあげたほうがいい。きっと、もっと自由に、もっと遠くへ行けるから。

対話の奥義

ヨコ型＝共感型、タテ型＝問題解決型。脳の中の出来事がまったく違い、話の進め方が違う。ヨコ型はことのいきさつを感情たっぷりに話すことで、気づきを起こす。話を共感で聞いてもらうことが必須。タテ型は結論から聞きたがり、人の話はさっさとまとめて、問題解決を急ぎたい。

このまったく相容れない対話特性を目の当たりにすると、誰の脳にも浮かぶ疑問がある。「では、目の前の人が、今この瞬間、タテ型なのかヨコ型なのか、どうやって見分ければいいの？」

実は、それ、気にしなくていい。

対話の奥義は、いともシンプル、以下の二つである。

① 相手の話は、共感で受ける
② 自分の話は、結論から始める

こう考えてみてほしい。人類のコミュニケーションには2本の通信線がある、と。「心の通信線」と「事実の通信線」だ。

ヨコ型優先の人は、心の通信線だけを使おうとする。好き／嫌い、したい／したくない、快／不快という気持ちのゆれを基軸に、共感で紡いでいく通信である。

一方、タテ型優先の人は、事実の通信線だけを使おうとする。客観性事実を基軸に、ことの是非（どちらが正しいか、どちらが合理的か）を決していく通信である。

タテ型とヨコ型の対話は、互いに違う通信線を握っている。だから、話が通じないのである。この2本を同時につなごう、というのが、私の提案＝対話の奥義である。

順番が違うと、気持ちが通じない

「相手の気持ちは受け止めよう」「ことの是非は結論から簡潔に話そう」、あらかじめそう決めておけば、脳は、比較的すばやくタテ型とヨコ型を切り替えて、両方使えるようになる。この切り替えは、反射神経に近い部分が行うので、ある程度、経験を積む必要があるけれど、必ずできるようになる。

気持ちは共感で受け止め、ことの是非は結論から話す。これができたら、心も通じるし、すばやい問題解決も叶うのである。対話満足度が、本当に半端ない。

「気持ち」と「ことの是非」を同時に扱うのが基本なのだが、そうしたとて、タテ型優先とヨコ型優先では、違うセリフになってしまう。

友人や家族が、自分に起こったトラブルを話してくれたとき、たいていの人は、アドバイスをあげたいし、慰めてもあげたい。このとき、アドバイスはタテ型回路、慰め（共感）はヨコ型回路のお仕事なので、口から出ることばは、脳が優先しているほうが先になる。

タテ型は、結論からの共感。「きみも先に言えばよかったんだよ。まぁ、言いにくい気持ちもわからないではないけど」のように。ヨコ型は共感が先なので、「わかるよ〜それ、そんなふうに言われたら、そりゃがっかりするよねぇ。けど、やっぱり先に言っておくべきだったんじゃない？」となる。

どちらも同じように相手を思い、愛（共感）と誠意（アドバイス）を表明しているのに、ずいぶん違って聞こえるでしょう？

この順番、ぜひ、ヨコ型のそれ＝「気持ち」を受け止めてからの「ことの是非」を基本にしてほしい。

というのも、ヨコ型にダメ出しから入ると、強く拒絶されていると感じて、コミュニケーションを放棄することがあるからだ。一方で、タテ型に共感から入った場合、多少べたついて感じることはあっても、特に問題はない。つまり、リスクヘッジのために、「気持ちの受け止め」を先にしておくべきなのである。

もちろん、あえて結論から言うという手もある。相手の緊張感を喚起したいとき、私はあえて、「○○すべき」やNOを先に言う。コンサルタントや経営者の立場で、それを言わざるを得ないときもある。あるいは、相手がその答えを予想していて、決めつけてもらったほうが気持ちいいのだろうな、と感じたときもそうする。とはいえ、これらは対話戦略の一環。基本は、まずは気持ちの受け止め、そして、ことの是非を簡潔に。これが対話の奥義に基づく、対話の進め方ということになる。

これから、共感で受けるコツと、結論から話すコツを述べていく。ただし、「人の話は共感で受ける」といっても、明確な質問（○○の件、どうなった？）や、オファー（悪いけど、○○してくれる？）を受けた場合の返答はこの限りではない。これらの返答は、「自分の話」になるので、こちらは、「結論から話す」コツのほうをご参照ください。

共感で受けるコツ1　「いいね」か「わかる」で受けると覚悟を決める

人の話は「いいね」か「わかる」で受ける、と覚悟を決めよう。提案や主張、あるいは嬉しそうに報告してきたことは、「いいね」や「わかる」で受け止める。もちろん、すべての話にその返事が似合うわけじゃないが、覚悟しておくと、必要なときにうまくできるから。

先ほど述べたように、相手の提案や主張を受け入れないときも、先に気持ちを「いいね」や「わかる」で受け止める。


「いいね、その発想」

「あなたの気持ち、よくわかる」

「わかるよ、たしかに、そこは考えないとね」


第一声を共感で受ければ、直後に否定してもかまわない。


「いいね、その発想。（少し間を置き）でも、実現可能性が低いように思える。もう少し考えてみて」

「あなたの気持ち、よくわかる。（少し間を置き）ただ、向こうから見たら、最初の発言が無責任に感じたのかも」

「お受験？　わかるよ、たしかに、そろそろ考えてやらないとね。（少し間を置き）ただ、最近よく聞くんだけど、お受験にもリスクがあるんだよ。それも検討してやりたいんだ。けっして、きみに反対するわけじゃないんだけど……いいよね？」

子どもに説教するときも、まずは気持ちを汲んでから。
「あなたのファイトは買うわ。でも、母さんは心配なの」
「きみの気持ちはよくわかる。でも、父さんには別の見方があるんだ。父さんのアイデアを聞いてみないか？」

相手の言い分を肯定する場合も、「いいね」「たしかに」「そうだね」と、気持ちに寄り添うワードを冒頭に入れることをお勧めする。「いいね、それで行こう」「たしかに、きみの言う通りだ」「そうだね、そうしよう」のように。

肯定だけより、ずっと対話満足度が上がる。あなたが頭で納得しただけじゃなく、腹落ちもした——相手には、そんなふうに伝わるからだ。

「ふざけるな」と思っても、「いいね」受けしてみる

たとえば、高校生の娘が、明後日から期末試験だっていうのに帰宅が遅い。「何かあったのかしら」と心配でいてもたってもいられなくなったころ、意気揚々と帰ってきて「カラオケ行っていた」と言ったとき。当然「ふざけんな」と思うだろうけど、「いいね」で受けてみる。「いいね、カラオケ、青春真っただ中ね。けど、試験も青春の一部よ、頑張って」と

言ってみる。娘は、素直に返事せざるを得ない。

もちろん「いいね、カラオケ。でも、明後日から試験だよ。せめて遅くなるって連絡しなさいよ」でもいい。

「いいね」で受けたら、心の通信線が開通する。そのあとの事実が全否定でも、相手は案外、素直に受け止められる。逆に、いきなりイライラをぶつけたら、コミュニケーション不成立なので、叱ったことが相手のストレスになるだけで、アドバイスにならない。

こう考えてみたらどうだろう。「いいな」や「わかる」は通信開通のパスワード、Wi－Fiのパスワードのようなものだ、と。通信が開通していないと、相手の脳にデータが届かない。対話した甲斐がない。

それに、心の通信線の開通は、こちらの脳にも影響がある。「ふざけんな」と思っても「いいね」「わかる」と言ってみると、不思議と相手の気持ちや立場がわかることがある。心からの「たしかに気持ちはわかるよ」で着地することが多い。私はだから、気持ちとは別にまずは言ってみて、とアドバイスする。ことばには不思議な力があって、共感のことばが共感を連れてくるのである。

「わかる」受けが危険なときもある

さて、その「わかる」受け、実は、気をつけなければいけないときがある。年齢や経験値がはるかに高い相手に、いきなり「わかります」と理解を示すのは失礼になることがあるからだ。

たとえば、美容室の常連客マダムが若いスタッフに「私、蕎麦に凝ってるの」みたいな話をしたとき、「わかります～。蕎麦いいですよね、私も大好きなんです」的なあいづちを打つと、ちょっとムッとされることも。年季の入った蕎麦通は、新蕎麦の季節にわざわざ名店に足を運んだり、全国のそば処を訪ねたりしている。たぶん「若い人の蕎麦好きとはレベルが違う」と思っているはずなので、いきなり軽やかな「わかる」で受けられると話す気が削がれる（実際には若い人にも蕎麦通がいるだろうけど、そうは思ってもらえない）。接客業の若い方は覚えておいたほうがいい。

こういうときは、「そうなんですか。蕎麦って、奥が深いって言いますよね」などと、相手の話を先に促すのが礼儀。先を促すことばが見つからなかったら、「そうなんですね」と、好奇心に満ちた笑顔で、次のことばを待てばいい。

自虐も「そうなんですか」で受け流す

顧客が「最近、前髪が薄くて」と悩みを口にしたときは「そうなんですか？」と、こちらは疑問形で。それが事実だったとしても、いったん「そうなんですか？」で受けたのち、一呼吸おいて「言われてみれば、たしかにそうかもしれませんね。対策を考えましょう」と続ける。

我が家の夫は、私が「私、最近、太ったよね？」と聞いたとき、必ず「そうかなぁ」と言う。彼は、精密な理系のタテ型人間なので、確証がないとYESを言わないのである。だから「きれい？」も「そうかなぁ」で受け、「おいしい？」にも「まだよく味わってないから、わからん」とか返して私を苦笑させるのだけど、ネガティブな質問への「そうかなぁ」はいいなぁといつも思う。

というわけで、大切な顧客にせよ、親しい間柄にせよ、自虐的な物言いには「そうなんですか？」「そうかなぁ」を挟むことこそが共感と心得よう（たぶん、そうしてほしいのだから）。

あいづちサシスセソ

「そうなんですね」「そうなんですか？」「そうかなぁ」は、S音始まりである。S音は、息が上あごを滑って出ていく、爽やかな風の音。ソフトで、なめらかで、スピード感がある。サ行音のあいづちは、このイメージを相手の脳に伝えるので、相手がしゃべりやすくなる。

顧客の自慢話や、上司の英雄譚を聞くときは、大げさにならない程度に、サシスセソ「さすが」「信じられない」「すごい」「センスがいい」「そうなんですね！」を入れることも考慮してみて。

私はコンサルタントで、顧客の新事業案を聞く機会が多いので、自然にこのサシスセソを使って聞くことになる。というか、事業家が新事業案を語るとき、コンサルタントからサ行あいづちの一つも出ないようじゃ、その新事業は止めたほうがいい。

このあいづちは、恋人同士や夫婦でも、相手が得意な領域の話をしてくれたときに使うのもお勧め。もちろん、嘘をつく必要はないが、「へぇ」と心の中では感心しても、日本の夫婦は互いにあまり口にしないでしょう？ たとえば、おいしい天ぷらが出てきて、揚げてくれたパートナーがそのコツを披露してくれたら、「さすがだね」くらい言ってもいいんじゃない？

あいづちアイウエオ

あいづちの語感効果で言えば、母音アイウエオには、安心感を誘う力がある。

母音は、息を制動しない（こすったり、止めて破裂させたりしない）で、自然体で出す音。驚いたり、伸びをしたりするとき、人は母音を発するでしょう？ 一番、自然に出る音だからだ。このため、母音は、自然体で素朴な印象を脳にもたらす。

「ああ、そうなんだね」「いいね、わかるよ」「うんうん、そうなんだね」「え、そうなの？」「お～、そうきたか」――そんなふうに母音を入れると、相手が、先入観のない素の心で聞いてくれている感じがする。

親が子に（先生が生徒に、上司が部下に）事情や心情を尋ねるときには必須にしたほうがいい。相手のヨコ型回路を開き、本音や真実が聞けるから。

母音のあいづちは、男女間の距離を縮めることもある。たとえば、婚活イベントのフリートークで、「もっと母音を使えばいいのに」と思われる男子は、けっこう多い。気になる異性と、なかなか距離感が縮まらないという人、あいづちアイウエオを心がけてみてほしい。娘との対話が弾まないというお父さんも、ぜひ。

ワンワードの魔法

「いいね」や「わかる」、話し手の気持ちに寄り添うサシスセソ、アイウエオ。たった1ワードで、すっと気持ちに寄り添うテクニック。身につけてみると、その効果にきっと驚くはず。

逆に言うと、ほんのワンワードで、相手を苛立たせたり、絶望させたりすることもあるってことにほかならない。誰もが、対話のトリセツを、人生のどこかでしっかり身につけるべきだと思う。

共感で受けるコツ2　相手の形容詞を反復する

相手の話が、「たいへん」「悲しい」「痛い」「つらい」のようなネガティブ系なら、相手の形容詞（あるいは同傾向の形容詞）を反復してあげるのが基本である。「新幹線が2時間も止まっちゃって、たいへんだったのよ」「え〜、たいへんだったね」、「腰が痛くて」「腰？　つらいね。大丈夫？」のように。

老いた親のネガティブ発言に、働き盛りの子はつい「世の中には、母さんよりしんどい人はたくさんいる」などと言いがちだけど、これはなんの励ましにもならない。まぁしかし、このセリフって、先に親が言っているんだけどね。子どもが弱音を吐いたとき、「世の中にはもっとたいへんな思いをしてる人がいる」と。これをやめておかないと、将来、自分が言われることになる。

「台風なのに出かけるからだよ」とか「医者に行ったのか？」とか、頭に浮かんだ問題解決も、言わなくてもいい。ヨコ型優先の人は、共感してもらうことでストレス信号が減じて、脳が活性化するので、そのあとの対処は、けっこう自己完結できるからだ。どうしても言いたかったら、共感してあげて相手が一息ついた後に、提案のていで。「台風の風は急に強くなるから、気をつけなきゃね」「医者に行ったら？　心配だから」のように。

共感で受けるコツ3　「そうか」と気持ちだけ受け止める

そうはいってても反復しづらいときもある。「ひどいと思わない？」と言われて、「いや、向こうにも一理ある」と感じたとき。「それ、やりたくない」と言われて、「そういうわけにいかないだろうよ」と思ったとき。

こういうときは、「そうか」「そうなんだね」と受ける。これは、「気持ちは受け止めたよ、でもことの是非は保留ね」という意味。結果にこだわるタテ型のほうは、これを「受け流す」と表現するが、正確には「気持ちだけ受け止める」である。

相手にも、ことの是非（結論）を保留したことは伝わるけど大丈夫。ネガティブな気持ちを語るとき、脳では、ヨコ型の回路が強く使われている。ヨコ型優先の人は、心の通信線が開通したところでコミュニケーション成立。対話満足度は90％を超える。

私がパーソナリティを務めるラジオ番組に、石井しこうさんというジャーナリストがいらしてくれたことがある。不登校の現場を取材し続けてこられた方で、ここのところ増加の一途をたどる不登校の現実について2時間ほど話を伺った。このときリスナーの方から、「もしも子どもが、ある日、熱があるわけでもないのに『学校を休みたい』と言ってきたら、なんて答えたらいいのでしょう?」という質問があって、私と石井さんの答えが、一言一句違わず同じだったのである。

「そうか、学校に行きたくないんだね」である。「そんなこと、あるよなぁ」を添えてもいい。「行け」とも「行かなくていい」とも言わず、ただうなずけばいい。

親としては、なかなか大手を振って「行かなくていい」とは言えない。とはいえ、無理矢理行かせることが解決策だとも思えない。YESともNOとも言えないことなので、ことの是非は保留すればいいのである。ただし、気持ちだけは、精いっぱい受け止めて。

子どもは、気持ちを受け止めてもらうと、自分だけに起こることじゃないのを知って、少し楽になる。親が、がっかりしたり興奮したり、叱りつけたりしてしまうと、休んだ一日がその子を楽にしてくれないどころか、罪びとにしてしまう。次の日以降、学校に行けない気持ちに拍車がかかって、ことは深刻になりがちなのだ。

我が家の2歳8ヵ月児だって、「やだ!」と言ったことを「そうか、おむつなんか穿(は)きたくないよね」と受け止めてしばらく見守っていると、自分から足を出しておむつを穿いたりすることもある。本人も「そうはいっても、そんなわけにはいかない」とわかっているのである。イヤイヤ期の2歳児にさえ効くのだもの、もっと年上の人たちに効かないわけがない。「そうか」「そうなんだね」——大切な人の心を守る、魔法のことばである。

共感で受けるコツ4　ときどき質問や感想を入れる

「いいね」「わかる」「たいへんだったね」、そんなふうにあいづちだけ入れていくと、「あなた、私の話、テキトーに聞いてるでしょ」と言われることがある。あるいは、相手の状況説明が延々と長くなって止まらなくなってしまうことも。

本気で共感するなら、実はあいづちだけじゃ足りないのである。質問をしたり、感想を述べたり、自分の経験談を軽く入れたりする必要がある。つまり、好奇心を発揮してあげないとね。

ヨコ型優先の人同士なら、自然に好奇心を抑えきれなくなって、ちょっとした質問や、自分の同類の体験談を挟むことになる。タテ型優先の人が頑張って共感するとき、これが足りないのだ。

「A部長が○○って言うのよ」「それ、イラっとするよね。あの人、けっこうイケメンなのに残念ね」↑感想返し

「A部長が○○って言うのよ」「あ〜、私も言われたことある〜。こないだのイベントのとき。めちゃイラついたわ」↑体験返し

「A部長が○○って言うのよ」「何それ。あなたは、なんて返したの?」↑質問返し

状況説明が長いときも、質問でスピードアップするという手がある。

「保育園の保護者会で、みんな自己紹介したのね。ニチカちゃんママはさぁ、○○で□□なんだって。あ、ニチカちゃんて、アヤトと仲良しで……」「で? きみは、どんなふうに自己紹介したの?」(あなたに興味がありすぎて、ほかの話は聞いていられない、というていで)

「病院に行ったら、○○さんに会ってね、あ、○○さん、覚えてるよね? あなたが3歳のとき……」「母さん、大丈夫? 先生になんて言われた?」(あなたが心配すぎて、結果を聞かずにはいられない、というていで)

うわの空で聞いたり、「これ何の話?」なんて遮らずに、好奇心からくる質問を入れる。これが意外にも、話の先をうまく促し、相手の対話満足度も跳ね上がる。

感想返し、体験返し、質問返し――これらがうまくできるようになったら、「共感受け」免許皆伝である。

共感で受けるコツ、まとめ

① 「いいね」か「わかる」で受けると覚悟を決める
② 相手の形容詞を反復する
③ 「そうか」と気持ちだけ受け止める
④ ときどき質問や感想を入れる

では、結論から話すコツに移ろう。

結論から話すコツ1　最初の一文で、結論を言う

「頼まれていたチケット、取れたよ」「来週の定例会議は火曜日になりました」のようなシンプルな報告は、たいていの人は自然に結論から言えている。ただ、この結論に至る前に紆余曲折があったとき、そのプロセスから話してしまうことがあるので、気をつけて。

「チケット、なかなか手に入らなくてさぁ」の話は、結論を言った後に。たとえ、「取れなかった」であっても、この結論から。

「定例会議、いつもは水曜日なんですけど、部長が出張で不在なので、部長がいないわけにはいかない案件があって、火曜日に変更になりました」では、相手はイラっとする。「来週の定例会議は火曜日になりました。部長が週の後半、出張なので」で十分。「定例会議、たまに部長抜きでやってるじゃん。水曜日でいいんじゃない？」と言われたら、理由を言えばいい。

質問への回答も一緒だ。「あの件、うまくいった？」に対して、「あ〜、あれ、直接言ったらNGだったので、○○さんに仲介してもらったら、条件付きでOKでした」はNG。「はい、条件付きでOKもらいました」が正解。そしてその後に、一呼吸おいてから「直接アプローチしたらNGだったので、○○さんに仲介してもらいました」と続ける。

質問に対して、わかりやすく「はい」と返事した。にもかかわらず、ヨコ型優先の人が、あらぬ叱責を受けることがある。

たとえば、上司の質問「例の契約書案、先方にメールした？」に対して、「はい、課長のアドレスにもCCしてあります」と答えたとしよう。これで、思いもかけない叱責を受けることがあるのだ。

ヨコ型優先の人にしてみれば、簡潔な「はい」の後に、気の利いたアシスト情報を加えている。この先「俺にもメールしといて」という上司の要望があるかもしれないと思って、気を利かせて言ったセリフなのだが、これが裏目に出てしまうのである。

〝遠くを目指す〟タテ型回路は、文頭のワンワードは通りすぎて、後半の帰結部が結論だと認知する。冷蔵庫の手前のものが見えないのに、奥のほうにある賞味期限切れの海苔の佃煮の瓶を見つけ出すのと同じ仕組みだ。このため、「はい、課長のアドレスにもＣＣしてありますか」の結論は「ＣＣしてあります」だと聞こえるのである。つまり、「ＣＣしてあるので、見てくださいよ」と解釈されることがあるのだ（！）。当然、相手はかなり苛立つ。「きちんと返事して」と叱られたり、「言い訳はいい」とぴしゃりと言われたりすることも。

ヨコ型優先の人は、文頭から文尾まで満遍なく認知できるので、相手が「最初の文の帰結部に集中する」なんて思いもよらない。気を利かせたつもりなのに、ねぎらわれるどころか叱られる。「きみは余計なことばかり言う」と、あらぬ評価を受けることもあって、そりゃ、もやもやするわけだけど、タテ型はタテ型で、そうとうイラついている。

これを避けるために、「最初の一文は結論のみ」を徹底すること。

質問に対する回答は「はい、送りました」と、ちゃんとした文章にすべきだ。なにせ相手の脳は、最初の一文の帰結部が結論だと認知するのだから。ちなみに「はい、先方からも受け取った旨、返事がありました」はあり。こちらは、結論を強めるアシスト情報なので、最初の一文すべてが結論になっているから。とはいえ、「はい、送りました。（一呼吸）先方からも受け取った旨、返事がありました」のほうがいい。

「言っておきたいこと」を加えるのなら、一呼吸おく

「課長のアドレスにもＣＣしてあります」のようなアシスト情報は、タテ型上司にはあまり役に立たないのだが（脳が「今」に特化しているため、「過去」や「この先」の話は、多くの場合聞き流すので）、言っておくべきだと判断したら、一呼吸おいてから言おう。「はい、送りました。（一呼吸）課長のアドレスにもＣＣしてありますので、よろしくお願いします」のように。

最初の一文は結論を伝えるのみにして、「言っておきたいこと」の前に一呼吸おけば、タテ型上司の脳も「結論が明確、アシスト情報あり」と認知できる。「言い訳ばかり」「余計なことばかり」という誤解を防ぎ、「気が利く」「頼りになる」という正しい評価を受けることになるはず。

これは、対話に限らず、メールやＬＩＮＥでも同じことだ。タテ型優先の人は、「パッと

見たブロック（文章のかたまりの中）」に結論がないと、文章を読み進める気にはなれない。そのうえ、パッと見でつかめる文字数が、ヨコ型優先の人よりはるかに少ない。というわけで、どうしたって、最初の一文で結論を。「言っておきたいこと」を追記するのなら、結論の後に、メールなら一行空ける、LINEなら別送信にするくらいの配慮が必要である。

短すぎる返事は、カスタマーハラスメントを誘発する

なお、この誤解は、接客においても、起こっている。

たとえば、歯医者の受付で、薬の袋を受け取った患者が「（抗生物質のほかに）痛み止めも入ってる？」と確認したとしよう。これに対し「はい、袋にも書いてあります」と答えたところ、患者は「袋に書いてあるでしょ（見なさいよ）」と言われたと勘違いして憤慨し、罵倒されたり、SNSに「受付の人の態度が最悪」なんて書かれたりもする。言ったほうは、安心するだろうと思い、親切心で言ったのに。

カスタマーハラスメントのいくばくかは、顧客が、サービス提供者のことばを読み違えたことで起こるのではないだろうか。特に年齢が上がってくると、文頭のワードの認知力がさらに落ちるので、これが起こりやすくなる。カスタマーハラスメントの加害者の多発年齢層が50代以上という現実を考えると、そう考えざるを得ない。

上司や顧客に、身に覚えのないことで罵倒されたら、この世は理不尽だと感じて、本当に絶望する。対処の仕様もわからないし。こういう脳の特性は知っておくに越したことはない。相手の脳が認知しやすい対話を心がけることで、自分自身を守ってほしい。

結論から話すコツ2 テーマを言う、数字を言う

とはいえ、伝えたい内容が少し込み入っていて、結論を一文では言えないこともあるはず。そんなときには、初めにテーマを言うといい。「○○の件で、相談したいことがあります」「○○について、報告します」「○○について、提案があります」

誰かが話を始めたとき、それを聞きながらタテ型回路が探っているのは「これは何の話だ？　自分は何をすればいい？」なので、「これは何の話か」が最初に提示されれば、脳のシンキングコストをうんと下げられる。逆に言えば、ゴールの見えない話には、「これは何の話だ？」という信号が何度も強く起こって空回りするので、本当に苦しいのである。

そして、項目が複数あるときには、あらかじめ項目数を告げよう。「企画書の変更点について、話があるの。ポイントは3つ」「解決策についてお話しします。方法は2つあります」

タテ型優先の人は常にゴールを探しながら人の話を聞いているので、項目数が複数あると

きは、最初にその数を知らせてあげたほうが親切なのである。「3つ」と言われれば、脳内に3つのゴールを設定して、それをクリアするゲームステージのようにして、話を聞いてくれる。これで、タテ型が苦手な長い文脈にも耐えられる。あらかじめ3歩行くとわかって跳ぶ三段跳び——あれが「1歩のつもりで跳んだら、もう1歩あると言われ、これで終わりかと思ったらまだ1歩あった」だったら、へとへとになっちゃうでしょう？　それと同じだと思ってあげよう。

ネガティブな話は、結論から言わないとボコボコにされる

「相談があります」「報告があります」と前置きしたからといって、やはり「結論は先に、できるかぎり簡潔に」が基本。延々と事情を述べるのも止めよう。特に、ネガティブな事情は要注意。

ネガティブな報告をするとき、あるいはネガティブな提案をするとき、人は、つい事情から話してしまう。「○○の件、うまくいきませんでした」を言う前に、そこに至るまでの努力と不幸を先に聞いておいてもらいたい。「そんなに手を尽くしたのなら、しかたない」と納得しながら、結論を聞いてほしいからだ。

一文で手短に言えるのならそれもありだが、事情が複雑だったり、話題が複数に及ぶとき

は、やはり、どんなに言いにくくても、結論から言わなくてはならない。理由は、あなた自身の身を守るためだ。

たとえば、「あんなことがあって、こんなことがあって、そこにそんな事情も加わって、動きが取れなくなった。ついては、来月の開発目標をいったん下方修正して、事態の収拾に当たりたい」のような話し方をすると、タテ型の上司は、「あんなこと」「こんなこと」「そんな事情」にそれぞれ即座にアドバイスをくれる。なにせ「これは何の話だ？　何をすればいい？」という強い意志で話を聞く人たちなので、雲行きが怪しい話には、即座に食らいついてくるのである。もちろん、攻撃するためじゃなく、大切な相手を守るために。

ところが、その先、ネガティブな提案をしようとしている身になってみると、いちいち責められている気分になってしまう。タテ型の特性上、「こうするべきだった」「目論見が甘かった」「もっと早く報告すべきだった」などとダメ出しの列挙になるので、「お前は、とことんダメな奴だな」と言われているような気分になってくるのだ。

これでは、ネガティブな結論なんてとても言えやしない。ヨコ型は、「そんなことがあったの？」「そりゃ、大変だったね」と話を聞いてもらって、言いにくい結論を何とか言い出そうとしていたのだから。

このため、どうしたって「上司はちゃんと話を聞いてくれない」「気持ちをわかってくれない」「私ばっかり責められる」と思い込むことになる。プライベートな関係でこれが起こると、追い詰められて「どうせ、私が悪いのよ」「全部、私が悪いわけ⁉」と逆上する羽目に。

タテ型は、愛と正義と誠意で、自分に今できることを全力で尽くしただけなのに、ヨコ型は深く傷ついて先に進めなくなってしまう。これはお互い不幸なことだし、実はよく起こること。こういうことを避けるために、「相手の話は共感で聞く」というマナーがあるわけだけど、ヨコ型のほうも、自分の身を守るために、ネガティブな話を聞いてもらうときこそ「結論から言う」を徹底したほうがいい。いくら「共感で聞いてあげよう」と思ってはいても、ことが深刻なほど、相手を案じているほど、タテ型の速攻アドバイスは止められないのである。

美しきタテ型話法

いろいろな事情が重なって、ネガティブな提案を余儀なくされたときも、「相談があります。来月の開発目標をいったん下方修正しようと思うんですが」と結論から言う。

相手の反応を確認してから（「どうした？」「理由は？」あるいはうなずいて先を促してくれたら）、「予想外の事態がいくつか起こって、チームが疲弊しているためです。遅れは2ヵ月でリカバーできる範囲だと思っています」のように、手短に理由と見込みを述べる。

その後、一呼吸おいてから、「開発工程に入って、客先から、いくつか仕様変更を受けました。一つ一つは些細なことだったので、現場のエンジニアが引き受けたんですが、客先のチーム内での合意が取れていなかったようで手戻りがあり、全体の整合性に不安が生じました。いったん全体性の見直しをかけたいんです」のように概況を述べる。

こんなふうに報告されれば、上司はぐうの音も出ない。「客先のチームの足並みが揃っていないのは、うちにとってもリスクだね。特にトップとナンバー2の相性は見ておいたほうがいい」くらいのアドバイスは受けても、いきなりのダメ出しを食らわないで済む。

結論から話すコツ3　言いにくい結論にはキャッチフレーズを

しかしながら、ネガティブな結論や提案は、本当に言い出しにくい。そんなときのためのいいアイデアがある。いっそポジティブなキャッチフレーズをつけてしまうのである。「チームの意欲向上と、顧客満足度向上のために、来月の開発目標をいったん下方修正します」のように。これは、私自身も使う手だ。「会社のさらなる発展のために、いったん、このプロジェクトを休止させましょう」とかね。

私は、かつて夫に離婚を切り出したときも、「家族としてうまく機能するために、いったん夫婦関係を止めない？」と言った覚えがある。近所に別居して、子育てチームとして連携し合おうと提案したのである。結果、互いの心の行き違いを冷静に話し合えて、離婚には至らなかった。

「家族みんなの幸せのために、お母さん、今日一日家事をしないね。イライラが爆発する可能性大だから」という使い方もある。ギリギリまで頑張ったあげく、「私ばっかりコマネズミのように働いて、バカみたい。なのに、まだ文句を言う？　お前がやれよ！　私は知らない！」とキレる前に試してみて——ポジティブなキャッチフレーズをつけて、言いにくい話を爽やかに言う、ですよ。

自己憐憫の沼から抜け出して、リーダー目線になる話法

「自分の傷ついた気持ち、ひどい状況を、いかに相手に訴えるか」を考えるのではなく、「この先の未来への光」をキャッチコピーにする。直近にだけ目を向ければ後ろ向きの戦略であっても、相談や提案を口にする以上、その先のよい展開のために、それを口にしているはず。少なくとも、このままでは泥沼にはまるから、それを回避するわけでしょう？　その回避した先の未来をことばにすればいいのである。

これは、相手の脳に、提案を首尾よく聞いてもらうための方策なのだけど、このキャッチ

コピーを考えると、自分自身のものの考え方も変わる。自分に向いていた目線が、「外」や「先」に向けられるからだ。「ひどい目に遭った。誰もわかってくれない。このことを訴えたい」という気持ちから、「よりよい組織（家族）への第一歩を願う」という気持ちへ。その気持ちの転換が、結論を言いやすくしてくれる。

そして、この目線こそが、リーダーの目線なのである。役職がついているからリーダーなのではない。「その先の光」を指させるからリーダーなのだ。

私自身は、ヨコ型回路優先の人こそが、真のリーダーになる姿をたくさん見てきた。ヨコ型回路優先の人が、ある日、結論から言う覚悟を決めて、目線を上げる。豊かな共感力と危機回避力を備えた、人望の厚い女性リーダーの多くがこのタイプで、本当に惚れ惚れするようなリーダーシップを発揮している。

最初から躊躇なく結論から言える人より、言いにくい結論を苦しみながら言ってきた人のほうが明らかに人格者に見えて、周囲に安心と納得をもたらしている。

20世紀までに男性たちが作り上げてきたタテ型回路優先社会を、私は美しいと思う。システムエンジニアなので、理に適っていて、全体に整合性があり、合理的なことを愛しているからだ。

そこに、ヨコ型回路優先の女性たちが参入するようになって、40年が経とうとしている。タテ型回路の世界観の中で、ふと頭に浮かんだことを言うと（それが素晴らしい気づきや気働きであっても）、激怒されたり、疎外されたりする。そんな体験を重ねた女性リーダーたちが、今、大いなる包容力を発揮している。

とはいえ、21世紀の今この瞬間にも、理路整然としたタテ型組織の中で、泥沼に足を取られたような気分になっている女性は（男性だって）たくさんいると思う。でもそれは、テクニックで乗り越えられる。資質が低いわけじゃない、優先している回路の特性の違いに過ぎないからだ。

そして、テクニックで乗り越えた先では、最初からうまくやっている人より一歩先を行くことのほうが多いのである。ヒトは、後天的に獲得した能力のほうがうまく使えるから。これは、共感力を獲得したタテ型回路優先の人にも言える。共感力を学んで手に入れた男性たちは、オリジナルヨコ型優先の私たちより、根気強く、丁寧に共感することができる。つまり、コミュニケーション能力においては、最初にギクシャクした人のほうが、最終的には上位のステージに行けるってこと。それがコミュニケーションの面白いところなのである。

ギクシャクする人たちが、一歩先のステージに跳ね上がるための教科書、それがこの本、

『対話のトリセツ』である。もちろん、最初からうまくいっている人が、もっと遠くへ飛べるための教科書でもある。

結論から話すコツ4　まとまっていない話は、最初にそう言う

さて、ここまで結論だ、テーマだと言ってきたけど、そうは言っても、結論もテーマも切り出せない、漠とした話をしたいこともあるはず。

結論はもとより、テーマも切り出せない、そんな漠とした話をしたいときは、最初にそれを言うといい。「気になることがあって（興味深いことがあって）、まとまっていない話なんですが、聞いてもらえますか」のように。

現場の作業の流れでなんとなく戸惑うことがあって、やり方を検討したほうがいいような、そうでもないような……。同僚の言動で、少し心配になることがあって、気にしてあげたほうがいいような、そうでもないような……。相談というほどのことでもないけど、誰かに話しておきたい。こういうときは、「ちょっと気になることがあって。5分ほどお時間をいただけますか」などと切り出すといい。

マーケティング会議の冒頭で、休日の買い物のシーンが浮かんできて、それを話のきっか

けにしたいようなときにも、この手は効く。いきなり「先週の土曜日、友だちとデパ地下に行ったら……」なんて話し始めたら、タテ型優先の人たちは困惑して、発言者の能力を低く見積もることがある。「ちょっと興味深いことがあって、この会議のヒントになるかもしれないので、少しお話ししてよろしいでしょうか」と前置きしてから始めれば、そのリスクを避けられる。

なお、会議の主役（座長、上位役職者、指導者など）はこの限りではない。会議の主役がこういう切り出し方をしたら、出席者の脳は、きっとヒントにつながるはず（そうでなければアイスブレークのサービストーク）と解釈するからだ。

「ふと頭に浮かんだこと」はバカにできない

漠としたこと――ふと頭に浮かんだこと、心をよぎったことには、新発見や危機回避につながる気づきが入っていることが多々ある。漠とした話は飲み込んだりしないで、どうか、その場で口にしてほしい。ヒューマンエラーが大ごとになりがちなエンジニアリングの領域では、社員がふと頭に浮かんだことを口にしやすくするために、日ごろから雑談を推奨する企業も増えているくらいである。

雑談が推奨されているのには理由がある。漠としたことが頭に浮かんだとき、多くの場合、自分でも「何に、どうやって気づいたのか」もわからないことがある。話し始めて、上司に「今、なぜその話をするのか」「どうして、そう思ったのか」と問われても、答えに窮することがあり、だから飲み込んでしまうのだが、それは惜しい。

直感の理由は、誰もその場では説明できない

漠としたことを感知するのは、ヨコ型回路である。

ヨコ型回路は、話し相手の息遣いの変化をも感知して、相手の心情をくみ取ったりもする。しかも「息遣いが変わった」と認識する過程をすっ飛ばして、「この人、何かある？」「私、何か変なこと言った？」などと直感する。

そう、ここが大事なことなのだが、ヨコ型回路の直感は、その理由をその場では説明できないことが多い。感性の検索の大半は、無意識の領域で行われるから。

私の友人が、ある日、夫の嘘に気づいた。「同僚と中華食べてきた」と言った彼のセリフが直感的に嘘だとわかったのだそうだ。彼女は「後から気づいたんだけど、あの日、服の匂いが違ったのよね」と教えてくれた。干しナマコとかイセエビとかを扱う高級中華店の匂いだ、同僚と行くような店じゃない、と。しかし、その理由に気づいたのは、何週間も後、自らが高級中華の店に入った瞬間だったのだそうだ。「あ〜、あの日のあの直感、この匂いだ

ったのね」みたいに。

ヨコ型優先の人は、会社の会議でも、「それ、なんだかひっかかる。ちょっと待って」と思うことがある。その場では理由を論理的に説明できないので、会議では口にしにくい。というより、論理的に話そうとした瞬間にタテ型回路に換わるので、「さっきの直感」を見失ってしまうのである。しかしながら、その気づきは案外、的を射ていて、のちに何か起こったとき「やっぱりね」と思うことに。

雑談が会社を救い、夫婦を救う

たいていの組織では、ヨコ型回路の「なんだかひっかかる」は、そのまま発言すると「理由は？」と聞かれて、「なんとなく」なんて答えたら叱られる。その場のボスしか、こういう発言は許されない。そのため、頭に浮かんだ「ん？」を飲み込むヨコ型優先の人はけっこう多い。脳の機能性を知っていると、これは、なんとももったいない気がする。組織の危機回避力や発想力が、うまく機能していないってことだから。

コンサルティングの席上で、何か腑に落ちないという顔をする若い女性を見かけたりすると、私は、そのことを一つの大事な指標にする。休憩を入れて、その方と雑談をしてみることもある。雑談の中で、ふと、その直感を口にしてくれるのを期待して。実は、この雑談こそが、対話の秘技といっても過言ではない。

夫婦の間でも、ことばを飲み込む人は多い。「なんか気になる」あるいは『なんか気に入らない」を素直に受け入れてくれるタテ型の使い手は稀有だからだ。ムカつかれて叱られるのがオチなので、ヨコ型担当の人は、もやもやしながらことばを飲み込むことになる。で、のちにトラブルが起こったとき、「やっぱりね」「そうなると思ってた」というセリフが脳裏に浮かび、うっかり口をついて出てしまうことも。これ、失敗した人からすると、かなり腹立たしいセリフなのだが、ヨコ型回路にしてみればその通りなのだから止められない。結果、妻のもやもやに夫のイライラが折り重なって、「腐れ縁」と呼びたくなるような夫婦になっていく。この夫婦関係の悪循環を止める手立ても実は雑談なのである。特に目的のない、なんでもない話。

職場でも家庭でも、日ごろ、ほどよく「目的のない、なんでもない話」を交わしていれば、「なんか気になる」を素直に言えて、おおらかに受け止められる関係でいられる。これが組織の危機回避につながったり、豊かな発想につながったりするのだから、無駄話なんて言ってはいられない。

雑談は、ＡＩ時代に、人類に必須の脳のエクササイズでもある。その効果と方法については、次章で詳しく述べるので、ご期待ください。

結論から話すコツ5　無理を言われたら、できることから言う

無理を言われて断るときも、結論（できること）から言うことが大事だ。

「悪いけどちょっと残業して、この資料、仕上げて帰ってくれないかな」、そんなふうに上司に頼まれて、それが無理だったとき。頭に浮かぶのは、「できない理由」だろうか、はたまた「とりあえず、できること」だろうか。

2章の冒頭にも述べたけど、ヨコ型優先のときと、タテ型優先のときでは、答えが違う。同じ人が、どちらを優先しているかで、頭に最初に浮かぶことが違うのである。

ヨコ型回路は、とっさに、ことのいきさつや類似の記憶を想起する回路である。このため、「勘弁してよ。こういうやっつけ仕事、たいてい、私なんだから。しかも、今日は、なかなか予約できない人気店にやっと行けるのに。絶対無理」なんていうことばが浮かびがち。一方、タテ型回路が起動していると、今できることに集中する回路なので、「残業ですか……20分だけできますね。終わらなかったら、明日早めに出社します」なんて言えるわけ。

できない理由から言わずに、できることから言おう。できることがなかった場合には、「申し訳ないのですが、今日は（それは）、できません」と言ってから、「どうしても動かせな

い先約がありまして」と続ける。

頼み事を断るわけだから、代案を言っても、ムッとする人はいる。ただ、私的な理由や恨み言で断ると「プロ意識が低い」と評価が下がるのに対し、結論と代案で返事をするとプロ意識だけは認めてもらえる。これが、案外、上司との人間関係（尊重してもらえるか、そうでないか）を決していくので、心がけたほうがいい。

結論から話すコツ6 現場の質問は、YES／NO型で

不慣れな現場で、何かしようとして戸惑ったとき、上司に「どうしたらいいでしょうか？」と質問したことはあるだろうか。

ある時、こんな相談を受けた。――上司に「少しは自分で考えて！」と言われて、しかたなく思いついたようにしてみたら「なんで確認しないの！」と叱られた。私はどうすればよかったんでしょうか？ 勝手にやってって言っといて、やったらやったで叱られる。これ、明らかにパワハラですよね。

残念ながら、このケース、私は上司に軍配を上げる。上司の言い分は矛盾していない。上司は自分で考えたのち、それでよいか確認してほしかったのである。「自分で考えて」は、「自分で考えて、勝手にやって」じゃなくて、「自分で考えて、事前に確認してくれる？」の

意。この上司に非があるとするなら、現場で上司に質問するときはYESかNOで答えられる質問が基本、という指導をあらかじめ徹底していなかったことだ。

というわけで、現場で措置に戸惑ったときは、「どうしたらいいですか？」と丸投げせずに、「○○してよろしいですか？」とYES／NO型の質問をする。相手は、YESならうなずくだけで済む。NOでも、違っているところだけ指摘すれば済む。長い説明が必要だと感じたら「後で説明するから、置いといて」と言うこともできる。

ちなみに、当たり前のことを報告するときは、「○○します」でいい。休憩時間に休憩に行くのなら「休憩してきます」で十分。「休憩してよろしいですか？」には、声を上げて返事しなきゃいけないので、上司はイラっとすることも。

ヨコ型回路優先型は、プロセスに注目する。このため、いくつかの手順がすばやく浮かんで、どの手順を選んだらいいかの意味で「どうすればいいでしょうか」と聞いてしまうことがある。しかしながら、ゴールに注視するタテ型回路優先型がこの質問を受けると、「ゴールが見えない、ノーアイデアの丸投げ質問」に聞こえるのである。頭の回転が速すぎて、さまざまな手順が浮かんだからこその質問なのに、「何も考えてない、頭が悪い」と思われて大損することになる。

なにより、現場で新人ができる最大の貢献は、ベテランの手を止めないことだ。不慣れな現場に入るとき、誰もがそう心得るべき。質問は、できる限りＹＥＳ／ＮＯ型で。本当に途方に暮れたときだけ「どうしたらいいのでしょうか？」と言おう。

結論から話すコツ、まとめ

①　最初の一文で、結論を言う
②　テーマを言う、数字を言う
③　言いにくい結論にはキャッチフレーズを
④　まとまっていない話は、最初にそう言う
⑤　無理を言われたら、できることから言う
⑥　現場の質問は、ＹＥＳ／ＮＯ型で

ハイブリッド・ブレインへの道

共感型対話は、発想力を高め、気づきを起こし、奇跡のような危機回避力を作り出す。問題解決型対話は、合理的でクールだ。プロ意識の高さを見せつけ、圧倒的な危機対応力を作り出す。

時代をけん引するトップリーダーは、決まって、この二つをすばやく切り替えるハイブリッド・ブレインの持ち主である。素晴らしい発見をする科学者たちも、人の心の琴線に触れる表現者たちも、トップアスリートも——奇跡の気づきと、未来へのプロセスを豊かに想像する力（ヨコ型回路のお仕事）、たしかな目的意識と使命感、ゴールに追い込んでいく集中力（タテ型回路のお仕事）を発揮している。

ハイブリッド・ブレインになる一番の近道は、この章で述べた対話の奥義を順守してハイブリッド・コミュニケーションを展開することである。

ことばを生み出す瞬間の脳は、反射的に、意識をコントロールする信号を激しくすばやく使う。過去を自在に旅したり、目の前の出来事をすばやく察知したり、相手の反応を読んだり……当然、相手のことばを音声認識して意味解析し、横隔膜や口角周辺の筋肉の制御も休みなく行っている。脳の持ち主が意図的にすることの何倍も（たぶん何百倍も）無意識の信号が流れるのである（そうでなければ対話はできない）。

対話と二足歩行は、脳のあらゆる領域の制御信号をすばやく統合して実現するもので、脳を活性化する二大エクササイズといっていい。ヒトは、この二つのいずれかが滞ると脳がうまく機能しなくなっていく。年老いても歩くこと、誰かとしゃべること——誰だって知っている、認知症予防のコツだ。なのに、ほとんどの人は、ものごころがつく前に獲得したこの二つの機能を、あまりにも軽んじている。当たり前のように使えているから。

正しく歩き、正しくしゃべろう。世に正しく歩くエクササイズは多々あれども、脳にとって正しくしゃべる対話法って、案外なかったでしょう？　それがこの本ですよ。

相手の話を共感で受け、自分の話は結論から言う。この対話の奥義は、コミュニケーションのストレスを限りなくゼロに近づけてくれる対話方式であるとともに、脳を劇的に活性化して、人生に奇跡をもたらすエクササイズでもある。自らの脳がハイブリッド化して、あらゆることを見通せるようになる……のみならず、周囲の人たちが有能になって、あなたを好意的に支えてくれるのだから。

第4章　今、対話力が問われる時代

２０２３年、生成ＡＩの活躍が始まった。

弊社では、ネーミングのアイデアを次々と提供してくれる頼もしいコピーライターであり、企画書や発表原稿のイラストも描いてくれる。イベントや動画コンテンツに使う音楽も作曲してくれる。また、基礎データを与え、分析書の書き方を指導したら、分析書をすらすらと書き始めたのである。すべては対話で、生成ＡＩにこちらの希望を伝える。ことばをうまく使えば、生成ＡＩの成果は想像を超えてくる。

ＡＩとの協働が始まって明らかになったのは、人間の側の対話力が問われる時代になったということ。生成ＡＩを前にして、何を質問したらいいのか戸惑う人も多い中、ＡＩとの対話がうまい人は、ＡＩからさまざまな英知を引き出している。ＡＩを話し相手に、自らの発想を豊かに広げることも可能だ。

でもね、実は少し前から、対話力が問われる時代は始まっていたのである。

無駄話ができないと、企業価値が創生できない

コロナ禍が始まる少し前のこと。アメリカのグーグル社が、４年にも及ぶ社内調査の結果、明らかになったことがあった、と発表した。「成果の出せるチームと、そうでないチームの差はたった一つ。心理的安全性（Psychological Safety）が確保されているか否かだ」と。

心理的安全性、それは「なんでもない、ちょっとしたこと（頭に浮かんだり、心によぎったりしたこと）を素直にしゃべれる安心感」のこと。そう、なんでもない話（無駄話）ができるチームにしか成果が出せないと、グーグルは言い切ったのである。

言い換えれば、「無駄話ができないと、企業価値が創生できない」ということになる。これは、あまりにも斬新な発表ではないだろうか。

斬新すぎて、いち早くキャッチアップした日本の優良企業の多くは戸惑ったようだ。この国の企業風土では、無駄話は集中力を削ぐ行為として、長らく忌避されてきた。それに、グーグルのこの発表だけでは、なぜ無駄話をするとチームの成果が上がるのか、それがわからないから腹落ちしないし、社内に浸透させようにも今一つ説得力に欠ける。このため、「風通しのいい職場にしよう」キャンペーンでお茶を濁した企業も多かった。

対話力の低い上司は、部下の発想力を奪う

しかしながら、グーグルの発表を聞いて、私は、雷に打たれたような気持ちになった。あまりにも、真理をついていたから。心理的安全性ということばは、ＡＩ時代に、最も重要なビジネスワードになるだろうと、私は直感した。

「言うと嫌な思いをする」あるいは「言っても無駄だ」と感じると、ヒトは発言するのを止める。こんなことと上司に言ったって、親に言ったって、夫（妻）に言ったって、どうせわかってもらえない……そんなふうに感じると、たいていの人はことばを呑み込むでしょう？最初の何回かは意図的に止めるのだが、やがて、その人の前で、ことばが浮かばなくなる。脳が発想の信号から止めてしまうのである。脳は無駄なことなんかしない、出力しない演算をわざわざ起動しないのである。つまり、対話力の低い上司は、部下の発想力を奪うのである。

グーグルはデジタル産業だ。新機軸のデジタルワールドを創生する企業である。こんな会社で社員の発想力が潰(つい)えたら、企業価値を作れない。だからこそ、世界に先駆けていち早く、こんなすごい発見をしたのだろう。

でもね、もはや、これはデジタル産業だけの問題じゃない。これまで人間がやってきたタスクの多くをＡＩが代行する時代、人間の役割は、勘やインスピレーションを働かせて、うまくＡＩと対話しながら発想力を羽ばたかせることにかかってきている。

今や、すべての組織に、心理的安全性を確保する対話術の導入が急務なのである。もちろん、次世代人材を育てている、家庭という組織にも。

「心理的安全性を確保する対話術」なんて難しく言ったけど、要は、日ごろから、なんでもない話ができるようにしようってことである。

そして実は、なんでもない話こそ、脳にとって、あまりにも素晴らしいエクササイズなのだ。そのおかげで、野球少年たちに起きた奇跡を聞いてほしい。

麹町ヒーローズの奇跡

2022年の春、東京は千代田区麹町の少年野球チームが廃部の危機にあった。メンバーが最後の一人となり、その子の中学卒業に伴い、60年の歴史に幕を下ろそうとしていたのである。胸を痛めた支援者が、スポーツ指導のスペシャリスト木村匡宏（まさひろ）さんに要請して、彼の後方支援によるチームの再建が始まった。

木村さんは、慶應義塾大学SFC研究所や、子どもの発達科学研究所の研究員も務め、プロスポーツ選手の指導にもあたっている。私は木村さんと、時折、脳と身体の関係性についてディスカッションさせていただいていて、その折に、この話を聞かせてもらった。

バックボス就任にあたって、木村さんの脳裏に浮かんだのは、夏休みにシアトルから木村さんのところに野球留学しにくる少年のことだったという。木村さんは、その子の親御さんから「アメリカの子どもたちは、どうやって野球を始めていくか」を聞き、かの国では、まずもって大人たちがおおらかで、子どもの発達についてよく理解していることを痛感した。アメリカの少年野球チームの多くは、4〜6歳の幼児のときに、グラウンドで好きな遊びをすることから始まる。グラウンドで土遊びをし、ボールとじゃれているうちに、野球と出逢うのだという。

私も、その話を聞いて、歓声をあげてしまった。前にも書いたが、陸上の為末大さんがおっしゃった「対象に、遊びで出逢って、遊び心を忘れないこと。それが熟達（超一流）への道」を地で行く野球への導入である。

その成果は、子どもたちの伸びやかさに現れる。アメリカの子どもたちは、三振しても飄々とベンチに帰ってきて、楽しそうに「あのピッチャー、すげえぞ！」なんて言うのだそう。かえりみて日本の子どもたちは、空振りしたとたんにコーチの顔をうかがって硬く緊張する。三振なんかしたら、ひどく暗い顔をしてベンチに戻ってくる。木村さんは、真摯な日本の少年たちが、野球を〝遊んで〟いないことが気になった。

そこで木村さんは、麴町チームの少年たちに野球を遊んでもらうために、無駄話を推奨したのである。練習の中に、中学生男子ならではの、ちょっとしたくだらないふざけ合いをする「じゃれタイム」を導入。監督に頼んで、練習の前に自然に交わされる無駄話も、あえて止めないようにしたという。無駄話やダラダラすることを許さない日本のスポーツ指導の現場でこれ、画期的すぎる。

「それが不思議なことに」と木村さんは首を傾げた。「じゃれタイムを導入してから、試合中の、短い真剣なことばの掛け合いが格段に増えたんです。僕が許したのは、無駄話なのに」

いやいや、これ、脳の機能性からいえば、ちっとも不思議じゃない。むしろ、ごく自然なこと！　私は、嬉しくて大笑いしながら、木村さんに解説をした。

グラウンドに出て、いつも気持ちよくことばを交わす仲間の中に入っていく。そんなとき、脳は、無意識のうちに記憶領域をふんわりとサーチしている。そして、ほんのわずかな情動や五感から入ってくる情報をきっかけに、あるイメージを釣り上げる。それをことばに変換し、さらに筋肉運動に換えて発音するのである。①ふんわりサーチ、②イメージ・キャッチアップ、③ことば化、④発声——この4つの演算をすばやく連携させて、「なんでもない話」をする。そう、なんでもない話って、めちゃくちゃ頭を使っているのだ。

このうち①と②は大脳右半球すなわち右脳が、③は左脳が、④のことばの発声は小脳が制御している。つまり脳全体に神経信号がいきわたり、活性化してるってこと。「なんでもない話」が脳にとって、非常に有効なエクササイズである所以だ。

また、①から③は勘の通り道。これを、毎日繰り返しているのだから、当然、勘がよくなるわけ。さらに④の小脳は、身体制御の司令塔である。勘を「発声する」という身体制御につなげることもできるけど、「手足を動かす」という身体制御につなげることもできる。つまり、ことばがすばやく出るようになった以上、手足もすばやく出ているはず。子どもたちは、声の掛け合いだけじゃなく、野球のテクニックそのものも上がったのである。

風前の灯だったこのチーム、麴町ヒーローズ（KOJIMACHI HEROES）は再建開始からわずか2年半の2024年夏、なんと東京都大会（東都少年軟式野球大会）で優勝したのである。1名だった部員は60名になり、圧倒的な強さで、その夏を駆け抜けたという。

もちろん、指導者や保護者による、そのほかの尽力もたくさんあったと思う。子どもたちの豊かな感性と、たくましくも瑞々しい生きる力と、圧倒的な努力も！　けど、その思いを疲弊させず、ヒーローズ・ロードに導いたのは、やっぱり木村さんが思い描いた「楽しい野球」、じゃれタイムだったと思う。

無駄話が脳にとって、どれだけ大事か、わかっていただけたと思う。

ちなみに、なんでもない話は右脳と左脳が連携するので、ヨコ型回路の仕事である。女性が集まれば自然になんでもない話が始まる。あれは、勘を研ぎ澄まし、スムーズな連携を可能にする準備運動をしているってこと。無駄話なんかじゃなかったのだ。

遠くから飛んでくる白いボールを捕る野球少年たちは、「遠くの一点に集中する」タテ型回路を研ぎ澄ましている。その少年たちが、すばやくヨコ型に切り替わるじゃれタイムを経て、タテヨコの切り替えの速い脳にされたのである。そう、前章の最後に述べたハイブリッド・ブレインである。

超一流のアスリートは、短いことばに力があって、さりげなく格言を生みもする。先見の明のある経営者や天才型の科学者、芸術家、音楽家にもそれが言える。みんな、究極のハイブリッド・ブレインなのである。

超一流の人たちの脳の使い方

小脳は、脳内の神経と末梢神経を連携させる、意識と身体制御の中枢司令塔。イメージを身体運動に換える場所だ。「狭い通路を、向こうから来る人と、ぶつからずにすれ違う。肩を斜めにして（しかも、相手のそれも加味しながら）、歩みも止めずに、にこやかに挨拶しつつ」なんていう動作を可能にしている。通路の狭さ、床の傾き具合・滑り具合、相手の身体制御や表情などをすばやく察知して動きのイメージを作り、それを末梢神経につなげて、すみやかに身体制御しているのである。

つまり、小脳は、「五感からの情報、あるいは情動」に連動して、脳にイメージを作り上げ、それを身体制御に換えているのである。しかも、身体制御は単発で終わるわけじゃない。身体を動かした結果の変化情報（環境、身体）をすばやくフィードバックさせて、次のイメージを創生し、身体制御へとつなげていかなければ、私たちはまともに人とすれ違うこともできない。つまり小脳は、情報収集→イメージ創生→身体制御→情報収集→……を限りなく繰り返しているってこと。

周囲の情報を収集する＝空間認知をするときにはタテ型回路が使われる。このため、小脳は、タテ型回路と強く連携している。さらに小脳は身体制御の中枢司令塔なので、タテ型回路優先型は、「遠くの一点に意識を集中する」（空間認知）と共に「反射的に動き出す」センスの持ち主なわけ。小さなボールが遠くから飛んでくる野球は、タテ型回路と小脳を究極なまでに使う、タテ型スポーツと言っても過言ではない。

このため、野球に入れ込む大人たちは、どうしてもタテ型の責任感・使命感・目標達成の意識を子どもたちに押し付けやすくなる。野球少年たちもそれに応えて、タテ型偏重になりがちなのだと思う。たしかに、ボールが飛んできた瞬間は、バッターも野手もタテ型回路を究極なまでに使う必要があるが、勘が働き、自己肯定感の高いハイブリッド・ブレインになるのには、「ヨコ型回路へのすばやい切り替え」を鍛えておかなければならない。それが練習中のじゃれタイムだったのである。

多くの超一流の人たちが「遊びが大事だ」と言う。「その道」を邁進するには、どうしたってタテ型回路と小脳を究極なまでに使う。しかしながら、遊び心を失うと、勘が働いたり、新しいことを思いついたりできなくなる。超一流の人たちは、そのことをよく知っている。

そして、なんでもない話は、日常気軽にできる、究極の脳の遊びなのである。

なんでもない話の効用1　勘が働くようになる

なんでもない話が頭に浮かぶとき、ヒトは、わずかな情動や五感から入ってくる情報をきっかけに、イメージをつかまえている。それはとりもなおさず、勘やインスピレーションの〝通り道〟でもあるのだ。言い換えれば、なんでもない話は、勘を鍛えるエクリサイズなのである。

しかも、脳裏に浮かんだイメージが即ことばになるのだから、人やＡＩに伝えられるし、かたちにもできる。発想力、表現力の源でもある。

目的意識や責任感だけでは、勘は十分には働かない。もちろん、目的意識も責任感も使命感も必須である。けれど、タテ型回路が担う、その意識ばかりを強めたら、脳神経信号が偏って固化してしまう。ヨコ型回路が提供してくれる「脳内ふんわり検索↓イメージ・キャッチアップ」の勘が働かない。

勝ち負けのあるアスリートに、目的意識がないわけがない。チーム制のスポーツをする者に責任感や使命感がないわけがない。だとしたら指導者は、ヨコ型回路の通電を心掛ける必要があるのでは？

日々の練習で「無駄話なんかしてないで、走れ！」なんて言われていたら、勘が働かない。なんとか勘が働いても、とっさにことばにならない。それでは、頑張って一流になれたとしても、超一流の場所へはたどり着けない。頑張って一流になれた人たちが、超一流に憧れて、そこに手が届かないほど絶望的なことはない。脳の使い方で言ったら、氷河のクレバスほどの深い断層があるから。それを、遊び心と無駄話で、軽やかに乗り越えられるんだもの、採用しない手はないでしょう。

そして、それは、企業のチームにだって言える。

なんでもない話の効用2　テクニックが向上する

そして、この勘は、思考における勘にとどまらない。勘の出力は思考やことばだけじゃない、手足に直接出力することもできるので、テクニックそのものも向上するのである。なんでもない話が浮かびやすくなった人は、とっさに身体を的確に動かせる人でもある。

なんでもない話の効用3　自己肯定感を養い、失敗に強くなれる

勘が働いていることは、誰よりも自分の脳がよく知っている。自分の脳はうまく動いている――それが日常の中に点在したら、脳は「なにがあっても、きっとうまくやれる」という万能感を持つことになる。

万能感は、やがて自己肯定感となる。自分の脳と、脳を取り巻く環境との整合性がいいことを知るからだ。自分がこのチームにいることに意義がある、という確信である。

無駄話ができるチームでは、なんでもない話が浮かんで、それを素直に口にできて、周囲が好意的に受け止める（優しく受け流す、もよし）。すると脳は、勘が働いていることを知って万能感を覚え、脳と環境の整合性がいいことを感じて、自己肯定感を蓄える。

無駄話ができるチームは、三振に「ナイスチャレンジ」が言えるチームでもある。三振したとき、自分の非力を悔やむことなく、笑顔で相手のピッチャーを称賛できるの

も、万能感と自己肯定感が脳を満たしているからだ。しかも、あきらめるわけじゃない。そんなすごい相手とのセッションを楽しむために、今日からまた腕を磨こうという気持ちにもなる。

チーム全体がじゃれタイムを楽しんで、勘が働いているのなら、チーム全体に、その前向きの明るい機運が漂うことになる。無駄話の効用は、勘が働くことに留まらないのである。何度も言うけど、職場のチームも同じだ。

なんでもない話の効用4　指示やダメ出しに、心が折れない

なんでもない話ができる関係では、互いに勘が働き、すばやく連携できるので、「緊張感のある現場」での短いことばの掛け合いが、ストレスにならない。いきなりの指示や命令、ダメ出しが、相手を傷つけないのである。麹町ヒーローズの子どもたちが、試合でのそれらを軽やかに交わせたように。

なんでもない話の効用5　ヒューマンエラーが減る

チームがなんでもない話ができる関係にあると、ヒューマンエラーが減る。このことを私は、33年前に、電力中央研究所のヒューマンファクター研究センターの研究成果として聞い

た。発電所の運転員のチーム編成などに応用されていたし、ヘリコプターの運用会社、飛行機の整備士チームなども、これを参考にしていたと記憶している。

勘が働き、すばやい連携が可能になるので、当然、ヒューマンエラーを防げる。ヒューマンエラーが取り返しのつかないことになる現場のプロこそ、現場を離れたときに、なんでもない話を交わしてほしい。

頭ごなしの対話にも効用がある

さて、ではそろそろ、昭和世代のもやもやに向き合おうか。

頭ごなしの対話では企業価値は創生できない。そう言われると、昭和生まれの世代は「ちょっと待った～」と言いたくなるのでは？

「俺たちの時代は、親も先生も上司も、みんな頭ごなし。頭ごなしで育てられ、頭ごなしで追い立てられて、企業価値はもとより、社会価値、いやこの国の価値まで作ってきたじゃないか」――バブル期を知る50代後半以上の人たちにとって、無駄話礼賛は理解できても、「頭ごなしの対話」全否定は納得がいかないはず。

その感覚は正しい。実は、頭ごなしの対話が増強する脳の機能もある。頭ごなしに育てると、「上の言うことを疑わず、がむしゃらに走れる」回路が鍛えられるのである。タテ型回路の一部にあたる。そう、「頭ごなしの対話」は、歯車人間を作るのに適していたのである。

前にも書いたけど、20世紀には、今、機械がやっていることの大半を人がしていた。工場では、大きな生産機械に囲まれて、装置や部品の一部のように働く人がやまほどいた。デスクワークだって、ちょっとした手元のミスが、人の命の危険や社会の混乱に直結した。建築図面も鉄道のダイヤも、みんな人の手で引いたのである。銀行のお金も人が数えた。そんな時代に必要な勘は、ことば化されるものよりも、身体に染み込ませる勘。タテ型回路を究極なまでに使うしかなかった。私は1983年入社で、「大きな組織を動かす小さな歯車として、正確に回り続ける」ことを誇りにしてきたエンジニアである。だから、そのときの世界の匂いを知っている。私たちが生きてきた時代には、頭ごなしで育てられることも、頭ごなしで追い立てられることも必要不可欠だったのである。

一方で、携帯もゲームもない時代である。学校は、休み時間も放課後も無駄話で満ちていた。仕事仲間も四六時中一緒にいて、連絡はすべて口頭なので、それなりに無駄話もする。母親も家にいて、塾に追い立てられる毎日でもないから、家族も、けっこう無駄話をしていた。

というわけで、私たちの時代（20世紀）は、頭ごなしの対話と無駄話のハイブリッド・コミュニケーションが、自然に成立していたのである。

消防士たちのハイブリッド・コミュニケーション

もちろん今でも、頭ごなしの対話が必要な現場もある。上の言うことを疑わず、反射的に動かないと危ない現場――たとえば、軍隊や消防隊、救急救命の外科チームなどは、いつの時代にも、頭ごなしの命令系統を保持しておく必要がある。現場では、指揮官に「左」と言われて即座に「左」に走り出せなかったら、命が危ない人たちだもの。ただし、四六時中、それでいいとは思えない。

『STATION 19』というアメリカのテレビドラマがある。シアトルの消防署を舞台に展開される消防士たちのドラマだ。私は昨年このドラマにはまって、動画配信サイトで、7シーズン計105話を一気見してしまった。なぜなら、ステーション19（第19分署）の登場人物たちが展開するハイブリッド・コミュニケーションがあまりに見事だったからだ。

火災や災害の現場では、キャプテンを頂点に据えた「頭ごなし」の命令系統を基本順守して、すばやい布陣を展開する（もちろんドラマなので、ときにはキャプテンの言うことに逆らって、燃え盛る火の中を、市民や仲間を救いに走ったりするわけだけど）。一方でステーションに戻れば、即座にリラックスして無駄話モードに入る。このステーション19にはオープンキッチンとダイニングがあって、キャプテン自らキッチンに立ち、みんなで料理を作って共に食べ、家族のように過ごすのがチームの習慣なのである。

現場の「頭ごなし系　問題解決型トーク」とダイニングの「無駄話系　共感トーク」の縦糸と横糸が、このチームを強くしなやかにしていた。

使命感の対話を、ハラスメントと呼ぶのは不当である

このドラマが私に教えてくれたのは、使命を背負うチームには、やはりタテ型回路の対話方式＝「心情と事情を遮断して、使命のために走り抜くための対話」が必要不可欠なんだってこと。21世紀の企業にも、家庭にも、もちろん、そんな瞬間は必ずある。

ハラスメントと言われる対話の中には、たしかに本当に度を越した嫌がらせもあるのだろう。しかしながら、顧客を守り、部下自身を守るために、すばやく的確にミスを指摘したにもかかわらず、「人前で叱られて、自尊心を傷つけられた」と訴えられてハラスメント警告を受けるケースも最近はある。それを恐れて、部下のミスを指摘できないと悩む上司もいる。

こういうことを避けるためには、使命をまっとうするための命令系統の対話《事情・心情

を後回しにして、解決策のみに集中する、ミスもその場で指摘する、緊張度が高ければ叱責も伴う》の重要性も、今一度、導入教育で諭したほうがいい。

心理的安全性を確保すること（なんでもない話がふと浮かび、無駄話が展開できる雰囲気を作ること）は、21世紀のあらゆる組織に必須条件なのだけど、一方で「チームで使命をまっとうするための対話」も忘れてはいけない。それがなくなってしまったら、顧客も社員も会社も守れない。

とはいえ、若い人たちが、「頭ごなしの対話」を、自分への攻撃ではなく、チームの使命をまっとうするためだと直感的に感じるためには、無駄話が不可欠なのである。

無駄話によって、勘が働いているからこそ、自己肯定感が高まっているからこそ、心が通じ合っていると感じているからこそ、若い人たちは、命令系統のタテ型対話を受け入れられる。今、使命をまっとうする対話までもがハラスメント扱いされてしまうのは、無駄話が足りないせいじゃないだろうか。

プロとは失敗しない人ではなく、失敗をリカバーできる人

コロナ禍以降、リモートワークやフリーアドレス（決まった席がなく、その日の作業場所を個

人個人が自由に決められる）が増え、チームメンバーが空間を共にしなくなって、無駄話が激減した。この結果、失敗に怯えたり、傷つく人が増えている。

そもそも社会に出る前の学校でも無駄話が消えている。チャイ着（チャイムが鳴ったら席について黙って先生を待つ）に黙働（黙って掃除をする）、放課後は学校にとどまってはいけないルールもある。公園や空き地でたむろすることもない21世紀の子どもたちを、コロナ禍がさらに追い詰めた。ここから先は、そんな若い人たちが、今の「個」が尊重されたオフィス空間に入ってくるのである。

そもそも、日常先輩と一緒にいないので、先輩の失敗を目撃するチャンスも失われている。昭和の新人だった私たちが普通に体験していた「へぇ、凄腕のプロも失敗するんだ」「しかも、いけしゃあしゃあと戻ってきて、飄々と処理してる」を、コロナ禍以降の新人たちは知らない。リモートで、わざわざ失敗を見せてくれる人はいないからね。

先輩の失敗を目撃するチャンスもなく、無駄話もない。そりゃ、失敗をしたら「終わった」と絶望し、上司にミスを指摘されると心が折れてしまうのも無理はない。これは本人のせいじゃない。社会の仕組みの変化（しかも止められない流れ）がもたらした副作用である。

新人教育で、ぜひ、伝えてほしいことがある。若い人たちが、無駄に失敗に怯えないように。

——仕事における失敗とは、成長プロセスの一つである。プロとは、「訓練しないとできないタスクを遂行する人たち」である。専門職はもとより、事務職、補佐職であっても同じだ。したがって、失敗しないでプロになれる者は、この世にいない。さらに、一人前になっても、世の中は時々刻々変化して、顧客要件も変わる。プロは常に新しいフェーズに挑戦する必要があり、挑戦すれば当然、失敗の可能性をはらんでいる。

プロとは失敗しない人のことを言うのではない、失敗をリカバーできる人のことだ。凄腕のプロは、失敗に対するリカバーの速さがすさまじくて、周囲に失敗と気づかせないけど、挑戦する以上、失敗は必ずある。

私自身は、今はもう新卒新人を指導することはあまりないけれど、もしもあったら、こう告げたい。「私たちの仕事をなめないで。失敗しないで一人前になれる人はいない。だから、あなたもこれから必ず失敗する。失敗したら、私は、それを叱ることもあるけど、それは、顧客と社会に迷惑をかけないため、あなたを救うために叱るの。覚えておいて」

失敗にタフになれたら、仕事はうんと楽しい。人生も輝き始める。使命を背負うすべての人が、失敗に強くなれますように。そのために、無駄話と使命感対話のハイブリッド・コミュニケーションが、すべての組織の習慣になりますように。

大切な人の心理的安全性を守る二つの原則

使命を負うすべての人に、湧き上がるような自己肯定感をあげたい。失敗にタフにしてあげたい。勘が働き、すばやく動ける凄腕のプロにしてあげたい。脳を知る者として、切にそう思う。そして、それを達成する重要なエクササイズが、なんでもない話をすることなのである。とはいえ、放っておいてもそれができていた昭和と違って、21世紀には、さまざまな工夫が要る。

ここからは、21世紀の組織に、なんでもない話を呼び戻すトリセツを述べようと思う。

ふとなんでもない話が浮かぶためには、「この人になら、何でも言える」という安心感＝心理的安全性が必須である。心理的安全性を守るための対話の二つの原則を伝授しよう。心理的安全性を確保する対話術の、基本中の基本である。

①　相手の第一声をいきなり否定しない

②　自分の第一声をダメ出しで始めない

これができる人は、周囲の脳を安心させて、なんでもない話が浮かぶ素地を作れる。そうなると、自分も安心して、なんでもない話ができる。他人のためのようでいて、自分のためでもあるのだ。

もちろん、上司や親にこれができれば、いっそう効果がある。人の上に立つ人の必須のマナーと言っていい。

①については、前章で細かく指南させていただいた、「共感で受けるコツ」を順守してもらえれば、それでいい。とにかく第一声で、相手を緊張させないのが大事。相手のことばを受けるときも、自分から話し始めるときも。もちろん、そのあとなら、ことの是非は、しっかり白黒つけていいのである。

ここからは、②について述べよう。

けっしてダメ出しから始めてはいけない

人は、縄張りに入ったとき、守ってあげたい人の顔を見たとき、つい究極のあら捜しモードになる。そして、ダメ出しから口にする。

それは、命を守るための本能だ。太古の昔、居所の洞窟に戻ったとき、誰でも危険が潜んでいないか、とっさに確認したはず。動くもの、見慣れないもの、正しい状態でないものを即座に見抜いて、反射的に動いたはずだ。今もスパイ映画のスパイは、ホテルに戻った瞬間にそうしている。

21世紀の日常でも、私たちは無意識にそれをやっている。現場や家に入ったとたんに、「できてないこと」に気づいて小言を言う。あるいは、子どもや部下と目が合ったとたんに心配事が浮かんで、ついダメ出しをしてしまう。

たとえば、実家の母のところに、仕事終わりで駆けつけたら、顔を見たとたんに「車で来るなら、明るいうちに来なさいよ」なんて叱られる。言われたほうはがっかりするけど、それは、母にとって自分が「守ってあげたい人」である証拠。若き日の私はそんなとき、「仕事で疲れてるのに頑張って来たんだよ、笑顔で『よく来たね』って言ってよ」なんて思ったけど、今となっては、母の気持ちが痛いほどわかって、いきなり小言を言う母の顔こそが懐かしい。

守ってあげたい一心なのは尊いけれど、小言から始まる会話は、多くの場合、相手の自己肯定感を損ねてしまう。そして、小言から会話を始める人の前では、人は、なんでもない話しい。

が浮かばない。親子の会話が消えているとしたら、その傾向がないかどうか、考えてみてほしい。

ダメ出し育児は効率はいいが、自己肯定感を培えない

日本の子育ては、「いきなりダメ出し」がけっこう多い（韓流ドラマを見ていると、韓国の子育ても同じ）。子ども部屋に入ってきた母親が開口一番、「ランドセル、ちゃんとかけなさい」「作文の宿題、まだやってないの」「机の上、片付けて」などなど、ダメ出しと指示のオンパレード。

靴は揃えてあるし、算数の宿題は終わってるし、おもちゃは片付けているのに、それらはあっさりスルーされる。たぶん、宿題を全部終えて、お片付けが完璧でも、「今日は、風呂に早く入りなさいよ」のように、未来のまだしてもいないグズグズにくぎを刺される。母親は、無限に、できていないことを見つけ出してくるのだ。もちろん、子どもを守るために。

ダメ出しをしながら歩く母親のもとでは、子どもはたしかにお片付けもするし、宿題もする。優等生に見える。けれど、子どもたちの脳から、万能感と自己肯定感を奪うことがある。

自己肯定感とは、自分の脳に対する信頼である

私たちの脳は、「自分の脳神経信号の出力に見合った、環境からのフィードバックがあること」で、自分の脳が正しく作動していることを知る。

そもそも、脳は、一生、推論をしている。たとえば、目の前にあるコップを持ち上げて、ジュースを飲むとき。このコップの形状や重さ、容器の表面のすべりやすさ、ジュースの量、ジュースの粘性、自分の姿勢、着ている服、腕時計をしているかどうか——これらの条件すべてが、筋肉運動のバランスにかかわっているのだけど、それは常に一期一会でしょう？　変化する環境で生きる動く生命体である私たちの脳は、都度推論してことに当たっているのである。常に推論をしてことに当たっているため、うまく行ったことを都度確認してもいる。もしも、少しでも口からこぼれたら、即座に手を止めなきゃならないからね。

推論してことに当たり、目論見通りにことが進めば、脳は自らが目論見通りに動いたことを知り、脳は自らへの信頼に換える。脳は、一生涯、それを繰り返している。

実はこれこそが、万能感と自己肯定感の源なのである。

自己肯定感が培われるとき、損なわれるとき

たとえば、壁にボールをぶつけて、それをキャッチして遊ぶとき。

左に逸れたな、と感じて、左にグローブを差し出したらキャッチできた。まっすぐだ、と直感して、グローブを真ん中に構えたらキャッチできた。そんな繰り返しが、子どもの脳に「自分は目論見通りに動けている。あらゆる推論がうまく行っている。未知の事態にもきっとなんとかなる」という万能感をもたらす。そして、同時に、自分を取り巻く環境（壁や床、空気や重力やボール）との整合性がいいことも知るので、ここに自分がいることが正しいと思え、自分の存在意義を疑わなくなる。これが自己肯定感である。

子どもたちが、飽きずに壁にボールをぶつけるのも、ブロックを積み上げるのも、ゲームをするのも、縄跳びをするのも、脳がこれをしたがっているから。そして、脳は自分への信頼を着々と積み上げて、生きる意欲に換えているのである。

——そのボールが目論見通りに返ってこなかったら？　ましてや、返ってこなかったら？　返ってこないボールを、延々と投げることは、誰にもできないのではないだろうか。

10のうち1できていないことがあって、いきなりその1を指摘される。いきなりのダメ出しとは、そういうことだ。

すると、言われた人は、9の正しいことの評価を受けていないことになる。脳は、自分が正しく動いていることを確認できないので混乱する。これが続けば、万能感や自己肯定感を培えない。

優等生が意外に危ない

実は優等生ほど危ないのである。１００点が当たり前だと思われていると、90点でもダメ出しをされることがある。優等生の脳は、意外に「自分の脳が、目論見通りに動いている」ことを確認できないのだ。同じことが、できすぎるスタッフにも、できすぎる主婦（主夫）にも起こることがある。日々の成果が当たり前だと思われて、ねぎらいも感謝も、褒めてもらうこともない。なのに、ダメ出しだけ食らう。

——自分の脳は正しく動いていないように感じられてしかたがない、こんなに頑張って「正しい出力」をしているのに正しく動けていないなんて、もうどうしたらいいかわからない、自分なんか存在する価値もない、生きている意味なんてあるのだろうか。

脳は、自分を疑うことが、この世で最も苦しいのである。自己肯定感があれば、どんな逆境にも耐えられる。でも、自分の出力に確信が持てず、存在価値を見失ったら、心底途方に暮れるしかない。

優等生だから、自己肯定感が高いわけじゃない。むしろ、その逆だ。

考えてみれば、昔から、オール5の同級生ほど神経質だったような気がする。5段階評価で平均3・5くらいの子が一番、明るくて逆境に強いのである。たまにうまく行く人たちは、うまく行ったことが目立つので、周囲にも認めてもらいやすいし、自分の心にも残る。万能感がチャージされているので、「自分はやればできる」と信じているのだ。

いきなりのダメ出しは危険でさえある

子どもたちだけじゃない。料理上手、片付け上手、子育て上手な家事の担い手ほど、自己肯定感が低い。だれも彼女（彼）をねぎらわないからだ。家族が、完璧なのが当たり前だと思っているから、できていることを無視され続けることになる。心を込めて作った料理を、「おつかれさま」とも「おいしい」とも「ありがとう」とも言わずに当たり前のように食べ、ダメ出しだけしてくる家族しかいなかったら、自分の存在価値がわからなくなるとともに、結婚の意味も消え失せるに決まってる。

ある日、静かに離婚を切り出されて、家族はびっくりするわけだけど、本人がどんなにことばを尽くしても、その理由は、きっと一生、家族には理解できないだろう。自分の脳を疑う苦しみ、生きる意味を見失う苦しみ——そんなことが理由だなんて。優秀で、周囲の期待値が高い人に起こる悲劇だ。

会社でも、似たようなことが起こる。信頼の厚い優秀な社員ほど、あっさりと辞めることがあって周囲を驚かせる。こうなると、組織の悲劇でもある。そんなことになる前に、ぜひ「けっしてダメ出しから始めない」を順守して、無駄話をしてください。

あなたの周りに、なんでもそつなくこなすいい子がいたら、どうか、気にかけてあげてほしい。

そしてなにより、家に帰ったとき、子どもの顔を見たとき、現場に入ったとき、頭に浮かんだダメ出しをそのまま口にしないことである。ただし、何度も言うけど、プロにはそれが必要な現場もある。

第一声は、ねぎらいや感謝で始めよう

一日中、家の用事をして買い物もして、ごはんを作って待っていてくれる人に、いきなり「階段の電気つけっぱなし」とか「子どもたち、まだゲームしてるのか」などと言ってはいけない。一日の成果をすべて踏みにじって、なじったことになるのだから。

こういうときは、「いい匂いだね。グラタンかあ」(あるいは「角の公園の桜、咲いてたね」の

ようなんでもない話）からの「階段の電気つけっぱなしだったけど、二階に用事があるの？」「おやおや、子どもたち、ゲームに夢中だね」が正解。

家に帰って最初の第一声は、ねぎらいや喜び、感謝から始めよう。なんでもない話から入るという手もある。「今日は雨だったから、たいへんだったんじゃない？」（ねぎらい）、「お、肉じゃが」「あったかい」（喜び）、「これ片付けてくれて、ありがとう」（感謝）、「駅前のアーケード、まだ11月なのに、もうクリスマスの飾りだったよ」（なんでもない話）。

ちなみに、なんでもない話は、話自体に目的がなく、ただ話したいから話すもの。つまり、相手に「ただただ、きみと話したいんだ」という意思を伝えるのである。

私は子どものとき、父がなんでもない話をしてくれるのが好きだった。私を一人前の人間として扱ってくれている気がして。恋人のそれも、うんと好きだった。夫婦でできたら素敵だなと思うけれど、夫婦って案外、連絡事項を伝え合うだけで精いっぱいな気がする。心がけなきゃね。

そして、仕事の現場に入ったときも、スタッフにねぎらいの一言を。「暑いのに、お疲れさま」「いつも、ありがとう。こないだのあのアシスト、ほんと助かった」のように。

いきなりの5W1H系質問はご法度

実は、いきなりのダメ出しと同類の言動がある。いきなり5W1H系の質問（なに、だれ、どこ、いつ、どうして）をすること。「これ、どうしてここに置いてあるの？」「なぜ、これを選んだの？」「どこに行くんだ？」「何時に帰る？」

実は、ヨコ型回路優先の人には、いきなり質問されると、いちゃもんをつけられたと感じる傾向があるのだ。たとえば、家に帰ったら妻が見慣れないスカートを穿いていた、新しいのかなと思って「それ、いつ買ったの？」と尋ねたら、「安かったから」と不機嫌そうに言われるとかね。

いきなりの質問は、タテ型回路優先型にとっては雑談のオープニングに使えるのだが、相手がヨコ型回路優先型の場合は、いい展開にはならない。

いきなりのダメ出しと同様に、いきなりの質問もご法度なのである。

タテ型は、スペック確認せずにはいられない

ところが、タテ型優先の人には、スペック確認（質問）をせずにはいられない癖がある。

タテ型回路は、狩りのために進化した回路である。縄張り意識を作り出すテストステロンとも連動しているので、「自分の縄張りに、何か変化があれば、それを即座に確認せずにはいられない」のである。

いつもの狩場に何か見慣れないものがあったら、「今までなかったものだよね？　いつからそこにある？　それはなんなんだ？」を即座に確認しないと、ときには命も危ない。スペック確認は、本能的な反射反応なのである。

だから、妻が見慣れないスカートなんて穿いていたら、反射的に「それ、いつ買ったの？」と聞くことになる。ただのスペック確認なので、「先週の日曜日に買った」と答えてくれればいいだけ。一呼吸入れて「○○のバーゲンで、うんと安かったのよ」と別のスペックも教えてくれたら、もっと安心する。

いきなりの質問は「いいね」に換えよう

ところが、ヨコ型回路起動中の人には、これがいちゃもんに聞こえる。常に事情や心情に意識を走らせるヨコ型回路の使い手は、「この発言に至った心情」を瞬時に勘案するからだ。わざわざ聞いてくるなんて、何か気に入らないのだろうか、と。

だから妻たちは、不機嫌になって「安かったからよ（なんか文句でもある？）」と答えるのである。これを避けるには、「それ、いいね」と言えばいい。「いいね」と言うだけで、「今日、○○のバーゲンで買ったの。□□円だった」と、いくつものスペックを確認させてくれる。

誰でも、気を遣う上司の前ではヨコ型になりがちなので、想像してみてほしい。たまさかエレベータで一緒になった、尊敬する創業者会長が「きみ、そのネクタイ、どうしたの？」なんて口にしたら、「おかしいですか？」「何か失礼がありましたでしょうか？」って聞きたくならない？「いいね、そのネクタイ。どうしたの？」なら「妻からのプレゼントで」みたいに話が進むのに。いきなり質問から入られると、一瞬「何か、手落ちでも？」と、どきりとするはず。

相手の意図を瞬時に慮（おもんぱか）って、相手にとがめる意思があるのか、自分に粗相があったのかを気にする――それが、いきなり５Ｗ１Ｈ系の質問を受けたときのヨコ型回路優先の人の反射反応なのである。同じ思いを、妻や子どもや部下たちがしていると思ったら、いきなりの質問、かわいそうにならない？「学校、どう？」に思春期の子がうんざりするのもしかたないのがわかるでしょう？　いきなりの質問、もうやめよう。

「△△はダメ」は「○○してね」に換えよう

第一声に限らず、ダメ出しは、極力、提案に換えたい。「△△はダメ」じゃなくて、「○○してね」「○○しようね」「○○のほうが安全」「○○のほうが合理的」のような言い方にするのである。

つまり、スタッフにダメ出しをするときは、「いつも、ありがとう。ところで、チケットフォルダーは、こっち向きで揃えてくれない？　そのほうが、紐が絡まないから」のように言うわけ。「こっち向きじゃダメよ。なんで、紐が邪魔なのがわかんないのかなぁ」のように言わずに。

もちろん、嫁姑関係でも、ダメ出しはしない。「先が尖ったナイフを、食洗器に立てて置かないで。危ないから」ではなく、「先が尖ったナイフは、こうして寝かせて置こうよ。片付ける人がうっかり怪我しないように」と言う。してほしくないことの代わりに、してほしいことを言うだけだから、たいして、めんどくさくないでしょう？

指導のつもりでも、ダメ出しはパワハラと受け取られやすい。改善点の提案なら、その危険性も減る。

脳には否定文が効かない

実は、ダメ出し（否定文）じゃなくて、改善点（肯定文）を言うのには、脳科学上の理由がある。脳には、否定文が効かないからだ。

ワニのこと、考えないで。

いきなりそう言われたら、ほとんどの人が、ワニを想起してしまうはず。たとえ、英語のように否定（Don't）から始まった文章でも同じだ。ワニという単語が、文脈関係なく脳神経信号を走らせてしまうのである。

あるいは、狭い道で自転車同士がすれ違うとき、なぜか、ふらふらっと近寄って来る人がいる。せめてまっすぐ進んでくれりゃいいのに、わざわざ、こっちに来ちゃう人。自分がそれをやってしまう、という方もいるかも。これは、脳が「あっちに行っちゃダメ」と強く思った結果なのだ。

「あっちに行くのはダメ」と大脳が思考しても、小脳を中心とする身体制御の領域では、いったん「あっちに行く」脳神経信号を活性化してしまうのである。小脳は、反射的な動きを司る場所なので、大脳からは「あっちに行く」を止められない。

というわけで、何かをする前に、失敗予想をすると、間違える確率は確実に高くなる。ラジオでそんな話をしたら、お相手のアナウンサーが、「歌手の『ジョン・ボン・ジョヴィ』は『ボン・ジョン・ボヴィ』って言ってしまいそうになるんですよね」と応じてくれて、「言っちゃダメってば」と笑ったのだが……なんとその週、別の番組でボン・ジョヴィのニュースを読むことになり、詰まってしまったのだそう（微笑）。

子どもに何か注意するときも、「△△しちゃダメ」と言うと、脳が△△したくてたまらなくなっちゃう。「触っちゃダメ！」と言われたら、触る神経信号をいったん活性化するのだもの、そりゃ、好奇心に勝てなくなるよね。子どもだけじゃない、「この扉は、けっして開けてはいけません」と言われて開けちゃうお話は、この世にやまほどある。

というわけで、「△△しちゃダメ」は、なるだけ避けるのが得策なのである。

さらに、「△△しちゃダメ」という警告は、相手によっては、何の役にも立たないことも。「模試の受験票、忘れないようにね」と言われただけじゃ、未成年の男子のほとんどは「忘れないようにしよう」と思うだけで、策を講じたりしない。「模試の受験票、今すぐ、カバンに入れなさい」なら、忘れない確率は格段に上がる。

というわけで、「△△しちゃダメ」より「○○してね」のほうが、脳への刷り込みもずっといいのである。

いきなりのダメ出しを阻止するコツ
① ダメ出しの前に、ねぎらい、感謝、なんでもない話から始める
② いきなりの質問も避ける（「いつ買ったの？」は「いいね」に換えよう）
③ そもそも「○○はダメ」ではなく、「□□してね」にする

ダメ出しをされたときは、感謝で受けると気が楽になる

さて、講演で「いきなりのダメ出しはやめましょう」と言うと、「私の上司がまさにそうなんです。気持ちが落ち込んで、自尊心も傷つきます。いきなりのダメ出しから自分の心を守るにはどうしたらいいですか？」と質問されることがある。実はいい手がある。

謝るのではなく、感謝してしまうのである。「見積もりに○○が入ってなかった。気をつけて」のような業務上のダメ出しなら、「ありがとうございます」。「きみは、こういうところが抜けてるんだよね」のような個人の資質にかかわることなら「気をつけます、ありがとうございます」。

「すみません」と謝ると、「やるべきことをできなかった私……私が悪い」と認めることになるので、優等生で育ってきた人ほど、自尊心が傷つき、負けた感じがする。

「ありがとうございます」と言うと、「あなたの職務遂行に敬意を表し、感謝します」という感じが脳内に漂うので、負けた感じがしない。試してみてほしい。

上司だって、ダメ出しをした部下に「すみません」と暗い顔をされるより、「ありがとうございます」と前向きの表情になってもらうほうが気持ちいい。


業務上のダメ出しへの「ありがとうございます」は、丁寧に言えば「気付いてくださって、ありがとうございます」なのだが、省略しても上司には通じる。資質のダメ出しへの「ありがとうございます」も、丁寧に言えば「ご指導、ありがとうございます」なのだが、これも省略しても通じる。なぜならば、上司の業務は「気付いてやること」「指導してやること」だからだ。管理職の使命の中に、部下のミスに気付いてトラブルを未然に防ぐことと、部下を育てることがある。だから、稟議書も外部書類も、上司の承認をもらうわけでしょ？　その上司の当然の職務遂行を、「自分はダメだな」と情けなく思ったり、「人前で恥をかかされた」などと恨んだりするような私情に持ってくるのは、まったくもって合理的じゃない。「すみません」は、そういう私情を誘発しやすいように思える。

私は昭和のエンジニアだったので、上司のダメ出しには、心から「ありがとうございます」と言うことが多かった。当時のコンピュータシステムでは、ミスがあったときの手戻りが過酷だったし（なにせ、プログラム文の一行を、カードにパンチして、コンピュータに読み込ませていた。しかもパンチ室からコンピュータルームに移動して読み込ませたのち、自室に戻って処理結果を待つのである）、あらゆるセキュリティが未熟でユーザーへの影響も大きかったので、純粋に「未然に防いでくれて、ありがとうございます！」だったわけ。「すみません」は、本当に情けない失敗をしたときにしか使わなかった。たとえば、パンチカードの束を床に落としてバラバラにしてしまい、並び替えるのに20分もかかったとき、とかね。

そんな私の〝下っ端エンジニア〟時代に、上司のダメ出しに情けなくなることはなかった。理由は、謙虚さが微塵もなかったからだろうけど、「すみません」を言わなかったことが、直接的には功を奏したと思う。

ことばは、すべて、脳のためにある

ただし、リカバーのために走り出すような場面では、「すみません」のほうが似合うことがある。「ありがとう」の発音は少しもたつくからだ。

たとえば、重要な会議の冒頭に、資料が一部足りないことを上司に指摘されたとき。「すみません」と言って走り出すと、「す」の発音に息のスピード感があるので、相手は気持ちいい。私なら、こんなときも走り出しながら「うわ、ありがとうございます！」と叫んじゃうけど（感謝が徹底しすぎてて）、「うるさいなぁ、黙って走れ」と言われたこともある（笑いながらだけど）。走りのスピードを上げるための「すみません」なら、言っていいと思う。

ことばは、すべて、脳のためにある。自分の脳をどう動かすか、相手の脳に何を感じさせるか。そのために、ことばを使うのが得策だと私は思う。「すみません」が功を奏するのなら使えばいい。「すみません」が、あなたを情けない思いに導くのなら、「ありがとう」に換えよう。

ちなみに、走り出すシーンに「申し訳ありません」は、いっそう似合わない。丁寧な謝りことばだけど、「もう」を発音するとき、身体が一瞬止まるからだ。ぐずぐずして見えるのである。

とっさのことばをコントロールするのは難しいけれど、とっさのことばを間違わなければ、自分の脳も気持ちよく、周囲の評価も格段に上がる。「とっさのことば」のトリセツをマスターすると、俄然生きやすくなるはず。

「すみません」を「ありがとう」に換えると、世間が優しくなる

日本人は、「ありがとう」と言えばいいところを「すみません」と言う。外国語を習っていると、そう感じることがある。

たとえば、レストランが混んでいて待たされたとき、日本の店員さんは「お待たせしてすみません」と謝ってくれる。英語なら「Thank you for waiting」（待ってくれて、ありがとう）なのに。

混んでいるのも、客が予約せずに行ったのも、店のせいじゃないのに、謝ったとたんに、なんとなく自分の不手際のような気がして、店員さんの気が滅入るのではないかしら。一方、「待ってくださって、ありがとうございます」なら、同じ行列も「入れなくても待ってくれるお店のファンの列」に見えてくるはず。客のほうも、「すみません」と言われると「早くしてね」と言いたくなるところを、「ありがとう」と言われると「自分の意思で待っていること」を再確認して「気にしないで」と言ってあげたくなるのでは？
「ありがとう」が言える店員さんのほうが前向きでいられるうえに、カスタマーハラスメントに遭いにくい気がする。

親切にしてもらったときも「すみません」と言う人が多い。「見ず知らずの人に、お手を煩わせてすみません」という謙虚な気持ちは美しいけれど、そんなふうにして生きていると、意識の真ん中に「人様の手を煩わすなんてダメ人間」という核のようなものができてしまうような気がする。そうしたら、大事なときに、人前で萎縮したり緊張したりしてしまわない？　そして、他人が「人様を煩わす行為」をしたとき、自分が自制している反動で、憤りを感じたり、イライラしたりもするのではないだろうか。「すみません」で暮らしていると、世間が生きづらく、厳しいところに感じてくるはず。だから私は、謙虚過ぎる人がいつも心配になる。世間は温かいもの、助け合うもの、そう思っていたら、俄然生きやすくなる。

子育て中の短縮業務で定時より早く退勤するにあたって、本当に申し訳なさそうに「すみません、すみません」と言いつつ席を立つのもいかがなものかと私は思う。悪いこともしていないのに謝っていると、なんだか情けない気持ちになって、仕事も子育ても楽しめなくなってしまう。それでは、モチベーションも自己肯定感も下がって、あまりにももったいないので、私が上司なら、こういう「すみません」は禁止したいくらいだ。

とはいえ、職種によっては、やはり残ったメンバーにしわ寄せが行くこともあるはず。それなのに、何も言わずに、まるで定時退社のように帰られた日には、今度は周囲がイラついてモチベーションが下がるので、そこは「ありがとう」でカバーしよう。「お先に帰ります。（いつも支えてくださって）ありがとうございます」なら、言われたほうもそんなに悪い気はしないのでは？

「すみません」を「ありがとう」に換えると、失敗が怖くなくなる

とはいえ、謙虚な姿勢を美しいこととして育てられてきた日本人には、とっさの「ありがとう」は勇気がいるはず。でも、職場のマナーにしてあげれば、言えるのではないだろうか。私自身は、「すみません」と立ちすくむ部下には、「ありがとう」にしてね、と声をかける。これ、職場のキャンペーンにしてもよいのでは？

急ぎの案件や、顧客を巻き込むようなトラブルで「すみません」を言わざるを得ない場面を除いて、上司のミスの指摘には「ありがとう」と言おう。プライベートなことで席を立つときも、「ありがとう」で立とう、と。

「すみません」を「ありがとう」に換えると、情けない気持ちにならないので、上司のダメ出しが傷つかなくなる。結果、失敗にタフになれる。意欲が萎えないので、作業効率も上がる。いいことずくめでしょ？

「すみません」を「ありがとう」に換えると、世間が優しくなる——これは、何も職場に限らない。幼少期からそんなシーンを目撃していると、自然にできるようになるので、子育て中の方には、ぜひ、子どもたちの前で〝「すみません」ではなく「ありがとう」〟を実践して

あげてほしい。

　見知らぬ人に注意されたときでも、相手に実害がなければ、「ありがとうございます」で返せばいい。

　発熱した幼子を連れて、薬局で調剤待ちをしているとき。子どもがだるがって抱きついてきたので、抱き上げて背中を撫でてやったら、離れたところに座っていた年配の婦人が「土足のまま！」と吐き捨てるように言ったとしたら（ちなみにこれは私の友人に起こった実話）、多くのお母さんは「すみません」と謝ると思う。けど、悲しい気持ちにならない？　母親失格な気がして情けなくて。

　こういうときは、半ば笑顔で「ありがとうございます」と言いながら、手のひらかハンカチで靴裏をカバーすればいい。「気づいてくださって（粗相を未然に防いでくださって）、ありがとうございます」の意だが、「ありがとうございます」だけで通じる。

　そうすれば、互いの意識の中で、「靴のまま椅子に上がらせる、ダメな母親」から「いつもはちゃんとしてるけど、今はいっぱいいっぱいでできなかった、大変なのに頑張ってるお母さん」に昇格する。まぁ、もちろん、相手のお高いお召し物に靴が当たったことを指摘されたら、「すみません」と謝るしかないけどね。

とっさの「ありがとう」、最初は勇気がいるけど、子どものためだと思って、勇気を出してください。

21世紀のオフィスには、なんでもない話を誘発する隙がない

さて、ここからは、なんでもない話の始め方について。

本来、なんでもない話は、ふと頭に浮かぶものだ。しかしながら、「いきなり否定してくる人」「いきなりダメ出しを言う人」の前では、発想の信号が封じられてしまうので、これをしないという二つの原則を提案させていただいた。

けれど、それだけでは、なんでもない話が始まらない、という悩みを聞く。航空会社の整備士の方から、「雑談はヒューマンエラーを防ぐ鍵ということで、整備チームで雑談をする時間を持つことになったんですが、いざ雑談をしようとするとなかなかことばが浮かばず、かなり気まずい時間になりました。どうしたら、雑談を始められるのでしょうか」という質問を受けたことも。

残念なことだが、なんでもない話をすることを目標にしてしまうと、なんでもない話はけっして浮かばない。目標や成果を目指すのはタテ型回路だからだ。

このため、なんでもない話を誘発するつもりなら、「ほかのことをするためにそこにい

て、なんとなく手持ち無沙汰」という状況が一番。たとえば、昔の喫煙コーナーでは、タテ型優先の男性たちも、自然になんでもない話ができたはず。昔は、コピー用紙のページを揃えるとか、それをホッチキスで留めるとか、ちょっとした手仕事があって、それをみんなでしながら、なんでもない話が交わされていた。1980年初頭のプログラマーは、電算室のジョブ入力待ちのソファも、なんでもない話の温床だった。それと、昔は、出張で乗る新幹線の時間を調べるのも紙の時刻表だったから、共有の書架に行って時刻表を開いていると、たまさか通りがかった上司に「どこに行くの？」と声をかけられて、出張先のいいお店を教えてもらったりもしたっけ。ついでに、上司の若手時代の出張の思い出話をちょこっと聞かせてもらったりもした。スマホもないので、ちょっとした疑問を調べる術もないから、周りに助けを求めることになる。「保土ケ谷って、何県でしたっけ？」みたいにね。その答えを言いながら、「そういえば」と、なんでもない話がついてきたり。

そう考えると、検索エンジンどころかＡＩがなんでも答えてくれて、手作業もなく、待ち行列もない今のオフィスには、なんでもない話を誘発する隙がないことに気づかされる。

キャンディ・ルール

こうなったら、一斉休憩時間を設ける？　10時から10分とか、15時から15分とか、全員が椅子から立って、作業から離れるのである。少し歩くもよし、お茶を飲むのもよし、柔軟体操をするのもよし。大の大人が手持ち無沙汰でぶらぶらするのである。なんでもない話をしなきゃ間が持たないでしょ。

数人のチームなら、仕事の区切りのいいところでキャンディボックスを回して、それぞれに好きなキャンディを口に入れたら、それをなめ終わるまでは仕事をしないルールにしてもよいかも。とにかく、みんなで手持ち無沙汰になって、なんでもない話でもしなきゃ間が持たない感じになるのが大事なのである。

会議の前にそれをしてもいい。会議の前なら、会議で脳をフル回転させるための準備運動にもなる。

実はこのキャンディの使い方、私の企業研修の参加者の方に教えてもらったのである。その方がスタンフォード大学に留学していたときのこと。研究室の教授がときどきランチ会を開いてくれたそう。そのランチ会の初めに、決まって教授がキャンディボックスを掲げて「何か言ってごらん。言った人にはキャンディをあげる」と言う。すると学生たちが、次々と本当にくだらない話をして、キャンディをもらっていくのだという。なんのためにそんなことをするのか、まったく意味がわからなかったけれど、あれは、発想力を開く大事なエクササイズだったんですね——そんなふうに、その方は言った。知っている人は既に知っている、無駄話の脳効果である。

このキャンディ・タイム、キャンディをなめている間は「いきなり否定」も「いきなりダメ出し」もしないルールにしてもよいかも。そうすれば、部下が、ややこしい話を最後まで聞いてもらいたいとき、上司の目の前にキャンディを置くという使い方もできる。上司は、そのキャンディを口に入れたら、共感とねぎらいで、その話を聞かなきゃいけないことになるから。

ちょっと遊び感覚のキャンディ・ルール。一度、試してみませんか?

話の呼び水

手持ち無沙汰になれば、なんでもない話がふつふつと湧いてくる。とはいえ、会社のチームでは、上司が口火を切らないと、部下はしゃべりにくい。というわけで、上司は、「なんでもない話」の呼び水を提供する必要がある。やや短めの、なんでもない話をするのである。

ちなみに、呼び水とは、ポンプ式の井戸で、ポンプ内の水がなくなって水が上がってこないとき、上から水を入れて、下からの水を誘うことを言う。上司が軽くなんでもない話ができれば、部下のそれを誘発できる。

呼び水になる話は、ふんわりした話がいい。先日、待ち合わせの場所にやってきた友人が「今日の午前中、買い物に行こうと思ったんだけど、なんだかだらだらしちゃって、結局行けなかったんだよね」と言った。見事になんの情報もない。からみようもない。私は心の中で「お見事」と声をかけてしまった。こういうふんわりした話は、気持ちよくスルーできて、とはいえ、話の呼び水となって、周囲が口を開きやすくする。

とはいえ、こういう話は、意図的にしようと思ったら、かなり高難度だ。なんでもない話って、浮かばない人にはなかなか浮かばない。ということで、なんでもない話の始め方を指南しよう。

①さっき見たものを話す／今見たものを話す
「駅前のアーケード、ハロウィン一色だね」「角の公園の桜、もう咲き始めたね」
「この店、レトロでいいね」「いくらなんでも、このパセリ、多くない？」

②自分が最近ハマっていることをちらりと話す（長話はダメ）
「最近、猫を飼い始めて」「〇〇っていうドラマにハマってるんだよね」「夕べ、生まれて初

めて○○を食べた」

③自分に起こった小さな不幸を話す

「スーパーの駐車場で、夫の車に乗ったと思ったら、知らない人が運転席に乗ってたの。よその車だったんだよ」「空港で、同じカバンが３つも並んでて、焦ったよ」

④軽い相談を持ちかける

「お母さんの誕生日に花束を贈ろうと思うんだけど、何色がいいと思う？」（思春期の娘としゃべりたいときに効く）「カレーの味、見てくれない？」（思春期の息子としゃべりたいときに効く）「来週、盛岡に行くんだけど、○○さん、盛岡出身だったよね。おすすめの店とかある？」

⑤ふとした疑問を口にする

「なんで、救急の電話番号って、１と９を使うんだろう。救急（９９）の語呂合わせかと思ったら、海外でも９１１だったりするよね」

なんでもない話ができる人は、好奇心が旺盛な人

ところで、なんでもない話の始め方を読んで、気づきませんか？　なんでもない話ができる人は、好奇心が旺盛で、いろんなことを目にとめて感動したり、呆れたり、疑問に思ったりしている人だってこと。なんでもない話をしたかったら、それを真似ればいい。駅から目的地までの道を歩くだけでも、周囲を見て、何かに気づいておこう。

日常生活があまりにも平坦だというなら、趣味を楽しんだり、本を読んだり、ドラマを見たり、新聞を読んだり、そんなことをしてみよう。これらは、すべて、なんでもない話の仕入れになる。失敗してトホホな気分になったときも、「なんでもない話」のネタになったと思えば、楽しい気分になれる。こうなったら、楽しい挽回方法を探して、話のネタを膨らまそう、とかね。

というわけで、なんでもない話をしようと思ったら、日ごろから好奇心を働かそう。

独り言から始めよう

「それでも、何も浮かばない」という人にも手がある。実は、なんでもない話が浮かばない人は、「イメージをことばに換える」「それを筋肉運動に換えて発声する」という二つの演算

をあまり使っていないことが多い。潜在意識で何かを感じても、それをことばにする習慣がなくては、なんでもない話の4つの演算（①ふんわりサーチ、②イメージ・キャッチアップ、③ことば化、④発声）が連携できない。これを練習するのに、実は、独り言が有効なのである。

ちょっとした隙間時間に、今日の出来事をなぞってみて、まずは脳内で感じたことをことばにしてみる。「今日のランチ、アジフライを食べればよかったな」とか「朝の雨、ひどかったな」みたいに。状況が許せば、声に出して言ってほしい。

会社の帰りに、コンビニでプリンやビールを買って帰って、「それを口にしたら、感じたことを一言言ってみる」という訓練をする。テレビにツッコミを入れてもいい。

独り言がうまく言えるようになると、なんでもない話も浮かぶようになる。っていうか、なんでもない話って、ある意味、みんなの前で言う独り言なのである、よくよく考えてみると。

というわけで、「なんでもない話？ そんなの浮かばないよ」と困惑した方、まずは、独り言から始めてください。

なんでもない話の注意点

オフィスの習慣として、たいへん有用な無駄話だけど、注意点もある。

雑談は、相手の脳をリセットしてしまうので、作業に集中している人にするのは酷なのである。経理計算やメールを書いている途中に上司の雑談につかまって、作業を最初からやり直す（泣）なんていう話は、けっこうよく聞く。「上司の自慢話や、他部署の悪口は、ひどいときは1時間も止まらない。どうしたら、止められますか」という質問も、驚くほどたくさん寄せられる。話し始めたら止まらない私は、自分を顧みて、冷や汗をかくばかり。

雑談は、朝の始業前のひととき、会議が始まる前のひととき、みんなの手がふと止まったときなど、何かに集中していないときにどうぞ。

また、企業における雑談の効用は、「話しやすい雰囲気を作って、若い人たちの発想力を羽ばたかせること」にある。上司の側が、延々としていいものじゃない。キャンディボックスを掲げたスタンフォード大学の教授も、自分じゃなくて、学生たちに無駄話をさせたわけでしょう？　その雑談で、誰の発想力の水栓を開くのかって話だ。

上司が部下に仕掛ける雑談は、「日ごろ雑談しやすい雰囲気を作るための、話の呼び水」になるべきであって、部下の時間を奪うものじゃない。なるべく短く切り上げようね。ただし、話が弾んだときはこの限りではない。

話の呼び水としてふさわしくないのは、教訓、うんちく、自慢話、そして悪口である。どれも若い人たちをウンザリさせて、想像力を阻害する。できるだけなんでもない話、目的のない話がいい。

たとえば、映画を観に行った話をするのなら、「週末、あの映画を観に行ったけど良かったよ。勉強になるから、見ておいたほうがいい」はNG。目的が明確な有益情報は、タテ型回路を起動してしまうから。

「週末、映画館に行ったらさぁ、最近のポップコーンってキャラメルかかってるんだね。びっくりしたよ」は大正解。「部長、映画館に行ったの、何十年ぶりなんすか」と突っ込まれるくらいのすっとぼけた感じが秀逸だ。

「週末、あの映画を観に行ったけど、あれ、90年代の○○のオマージュだよね。○○と言えばさ……」というウンちくは微妙。映画好きの若い人となら話の呼び水になるけど、その場合も、「○○と言えばさぁ」と本題に入る前に一呼吸入れて、相手が乗ってきたら続きをどうぞ。忙しい部下をつかまえてする話じゃない。

教訓も、「自分がトホホな目に遭って、人生の教訓を得た話」ならギリギリOKである。

上司の長話が苦痛なら止めていい

というわけで、上司には、部下を捕まえて長話をする権利はないので、上司の長話が苦痛なら、止めていい。

自慢話なら、何回か真剣にうなずいたのち、ふと時計を見て、笑顔で「作業に戻りますね」と言えばいい。うわの空の返事を2〜3回した後、「そうだ、あの件、どうなりました？」「部長、契約書はご覧になりました？」のように、別の用事を突っ込むという手もある。

上司が展開してくるのが会社や他部署の悪口なら、こちらから解決策を打ちまくると、たいていは尻すぼみしてしまう。解決策が浮かばなかったら、「今度、会議の議題に上げませんか？　改善策を練りましょう」と明るく提案すると、たいていはうやむやになる。それにもめげずに、似たような話が繰り返されたら、「ほんと、やってられないですよね」と強い同意でまとめて、さっさと立ち去る。

私は、新人時代から20年間ほどこれをしていたが、このことで毒づかれたり、評価を下げられたりしたことがないのである。上司たちの私への期待が低かったからかもしれないけれど、とにかく前向きで明るい表情でこれをやると、たいていは事なきを得ると思う。

ハラスメントやコンプライアンスが気になって、素直にしゃべれない？

上司の側の、この悩みも最近は多い。

厳密には、上司である人は、無邪気にしゃべってはいけない。ふと頭に浮かんだことが、相手の欠点だったり、セクシャリティに抵触することだったりする場合もあるかもしれないから。

なんでもない話は、先ほどの「なんでもない話の始め方」に準拠したものですること。基本、話題を自分の短期記憶の中から拾うこと。そうすれば、相手に関する話題や、直接的な社会批判にはならないので、ハラスメントやコンプライアンスに抵触する危険性はかなり低いはず。そして、この枠組みが腹に落ちれば、案外、自然に、安全な無駄話ができるようになる。

自然体はいいけれど、無邪気ではいられない。大人はつらいよね。けど、それが人の上に立つということなのだろう。

チューター制の導入はどう？

上司が雑談できない理由、部下が上司の雑談を嫌う理由、どちらの気持ちもよくわかる。正しい雑談ができていないのがその大きな原因だけど、直属の命令系統にある上司・部下の間では、なかなか仕事以外のことばが浮かばないというのもまた、脳の真実のような気がする。

この際、企業内でチューター制度を採り入れたらどうだろうか。新人が配属になったら、相談役に他部署の上司をつけるのである。

私が新人の頃（1980年代）は、企業内には学閥があり、県人会もあり、囲碁クラブのような趣味のサークルとかがあって（私の会社には、社交ダンス部もあった！）、直属の上司でない上司と付き合う人もけっこういた。これが、けっこう人間関係の緊張を緩和していたような気がする。直属の上司には言いにくいような、職場のちょっとした愚痴も鷹揚（おうよう）に聞いてくれるし、アドバイスもくれる。直属の上司の気持ちを解説してくれて、それで上司の言ったことばの真意を知ることもあった。

一対一だと相性が悪かったときに深刻になるから、一人の新人に、複数のチューターがついてグループになってもいい。新人、2年目、3年目、役職チューターみたいな構成で、兄弟みたいなファミリーになるのもいい。

互いにあきらめがつくよう、抽選がいい。抽選には社長も参加して、社長がチューターになるファミリーもあったりしたら面白くない？　これって、新人くんにとっては、当たりなのか、外れなのか、どっちなんだろう？『釣りバカ日誌』のスーさんとハマちゃんのようになれたらいいのにね。

営業トークに雑談が効く理由

ここからは、営業トークにおける雑談ノススメである。

営業トークの皮切りに雑談が効くのは、営業畑の人なら誰でも知っている。その脳科学上の理由を述べておこう。

雑談は、相手の脳をヨコ型優先に換えてしまう。そして、購買決定はヨコ型回路でしてもらったほうが、断然いいのである。

たとえば、「駅前のアーケード、ハロウィン一色ですね」と声をかけられたら、駅前のアーケードの記憶を想起するはず。「最近、僕、猫を飼い始めまして」と言われたら、過去のなんらかの猫体験を思うはず（少なくとも、「猫」のイメージ画像くらいは引き出すはず）。つまり、「記憶からイメージを引き出して顕在化する」ので、ヨコ型回路が強制起動されるのである。

悩みがあったり時間に追われたりして、タテ型回路の「合理的な結果をすばやく手に入れたい気分」で店に入ったとしても、いったん、その気分をちゃらにして、心を寄せるヨコ型モードに変わってくれるのだ。

「さっさとカットして」モードで美容室に入って来たキャリアウーマンが、ふとした雑談でヨコ型に切り替わって「そのお薦めのトリートメント、してもらうわ」という気分になることもある。たとえ今日、その時間がなくても、ヨコ型回路優先だと、記憶に留めて帰ってくれるので、次にはトリートメント気分でやってきてくれる可能性も上がる。タテ型回路優先だと、その場でボツなら忘れられてしまうので、「心を残す」効果が期待できない。

ヨコ型回路は「ものがたり」で買う、タテ型回路は「ものづくり」で買う

ヨコ型回路は、記憶領域を自在に行き来しながら、相手の「ものがたり」や「気持ち」に感応し、好き嫌いでものごとを判断する。このため、開発者の思いや、「あなたにこそ、どうしても勧めたい」という営業パーソンの気持ちに感応しやすいのである。

対して、タテ型回路は、目の前の事実に意識を集中し、距離やベクトルを即座に認知する回路なので、「数字による比較検討」で購買決定する。したがって、性能やコスパがいいのが売りで、あきらかに数字で有利性のある商材ならば、相手にタテ型回路になってもらえばいい。その場合は、雑談よりは、「今日は、どうしても見てもらいたいデータがあるんです」と嬉しそうに本題に入ったほうがいい。ただし、「嬉しそうに」は必須。これは後で説明する。

さらに、ヨコ型回路は、記憶領域まで隈なく使って、直感で判断するので、決定満足度がとても高い。このため、コストパフォーマンスを厳しく追及したりしない。他の商品に目移りすることも少ない。そのうえ、誰かに話したくなる。

対面で営業する商材に、開発者や営業パーソンの思いがないわけがない。手をかけ、思いを込めているから、わざわざ人が売りに行くわけでしょう？　ならば、相手のヨコ型回路を立ち上げておかない手はない。

脳をヨコ型に導くオープニングトーク

営業のオープニングトークで重要なのは、「相手の右脳（感じる領域）と左脳（顕在意識）を連携させること」。

たとえば、最寄りの駅の話をされたら、その駅の風景を思い出す。持っているものを褒められたら、それに対する愛着を思う。暑さや寒さ、長い道のりをねぎらわれたら、その感覚を思う。愛らしいもの、美しいもの、ノスタルジックなもの、音楽や映画など感性を刺激する話をされたら、情動が起こって、それをきっかけに自分の関連記憶にたどり着く。これらは、すべて、右脳と左脳の連携を引き起こすのである。

営業トークの場合、脳のエクササイズのためではなく、相手の脳をヨコ型に切り替えるためにする雑談なので、「なんでもない、答えようのない話」は除外する。

①身近な風景の変化点を話題にする
「久しぶりに渋谷駅を使いましたが、変わりましたね」「代々木公園の紅葉、もう始まってるんですね」「駅前のアーケード、ハロウィン一色ですね」「公園の桜、咲き始めましたね」

②お客様のいいところを口にする
「このオフィスは、開放感がありますね」「御社の新しいキャッチコピー、いいですね」「きれいな色の傘ですね」

③ねぎらう（こちらに足を運んでくださった場合）
「雨の中、わざわざ、ありがとうございました」「寒かったでしょう？」

④ペット、趣味、映画など、相手の記憶の中の愛しい思い出に触れそうな話題を提供する
「最近、猫を飼い始めまして。あれは、夢中になりますね」「久しぶりにビートルズを聞い

たら、やっぱりいいですね」「話題の映画を見たんですよ。もうご覧になりました？　――どんな映画がお好きですか？」

⑤相手に気づいた瞬間に、嬉しそうな顔をする

とっさにことばが浮かばなかったら、相手の顔を見た瞬間、嬉しそうな笑顔を見せること。笑顔は、相手に移って、相手の脳に「嬉し気で前向きな気持ち」を作り出す。

店舗や美容室などで、常連客をお迎えするときは「あ」という表情をして、嬉しそうな顔をする。「あ、いらしてくれたんですね。待ってました」という気持ちが伝わるように。お手本は、保育園に迎えに来たママに気づいた2歳児（微笑）。これをされると、お客様の側が「今日も暑いわね」なんて一言かけたくなる。つまり、ヨコ型回路に切り替わるのである。

BtoBの一見（いちげん）のお客様の場合、笑顔くらいじゃヨコ型に切り替わらないこともあるが、それでも意味がある。たとえヨコ型に切り替えられなくとも、前向きな気持ちを誘発するので、「話を聞く気持ち」には切り替えられるから。

表情で、勝負が決まる

ヒトは、目の前の人の表情に、反射的につられる生き物だ。目の前の人が満面の笑みを浮かべたら、つられて笑顔になる（笑顔にまでならなくても、口角ぐらいは上がる）。目の前の人が悲しそうな顔をしたら、こちらも口角が下がって神妙な顔になる。これは、ミラーニューロン（鏡の脳細胞）のしわざ。ミラーニューロンは、目の前の人の表情や所作を、鏡に映すように、神経系に写し取ってしまうのである。

そして、目の前の表情につられたとき、脳には、その表情に見合った情動が誘発される。表情と情動の神経信号は、強く連動しているからだ。ミラーニューロンは赤ちゃんのときに一生で一番強く機能している。赤ちゃんは、抱いている母親が笑いかければけらけらと笑い、母親が悲しい顔をすると、ときには泣き出す。表情が移って、気持ちがあふれてくるのである。大人はそこまでじゃないけれど、やはり同様の機能を有している。

ということは、「前向きで嬉し気な表情」をもらった人は、「前向きで嬉し気な気持ち」が誘発されるということにほかならない。不満顔をもらった人は不満が、不安顔をもらった人は不安が誘発される。表情は、ことばを交わす前の気持ちを作り出しているのである。

不安顔の人の言うことを誰が聞くの？　相手の脳にも不安が漂うのに。不満顔の人の言うことを誰が聞くの？ 相手の脳にも不満が渦巻くのに。

私は、家族に不満を伝えるときは、あきれ顔気味の笑顔で「これ、ダメじゃない？」と言う。するとけっこう「だよね。気をつける」と返事してくれる。イラついた不満顔で「なによ、これ」と言うと、「忙しいから、しかたないだろう」なんて、イラついた不満顔で言い返されるのがオチだもの。


つまりね、ことばを発する前に、実は、表情で多くの勝負が決まっているのである。ときには、どんなに素晴らしいことばで誘導しても、表情のマイナスを取り戻せないこともある。

対話のトリセツの終盤に、コミュニケーションのキモは、結局のところ表情なんだよね、というのもなんだかなぁという気もするが、表情は対話を下支えする大事なコミュニケーション・ファクターなので、言っておかないわけにはいかない。

うなずかない若者が増えている

実は、この表情の交換において、最近、世代間でコミュニケーション・ギャップが起こり始めている。

1997年生まれを境に、コミュニケーションの反射反応（うなずいたり、表情がとっさにそろったりするミラーニューロン反応）が薄い人が増えているのである。つまり、上の世代にしてみると、笑いかけても表情が動かず、何かを伝えてもうなずいてくれない「うなずかない若者」「話しかけにくい若者」が増えているってことになる。

このことは、私が新卒で社会に出た年に、さまざまな企業で、いっせいに言われ出したことである。新人の反応がなさすぎて、新人教育がつらい。言わなくてもわかるはずの、当たり前のことがわからない、などなど。

実際、私の知人の娘さん（1997年生まれ）が、会社の同期に「上司に、話聞いてるのか、と言われたことのある人」というアンケートを取ったら、90パーセント以上がYESだったと教えてくれた。

さかのぼって、1997年生まれが小学校に入ったときには、教育現場で「一年生の反応がクールになった」と話題にもなったのだという。一年生といえば、朝礼で校長先生が「一年生のみなさん」と声をかければ、いっせいに「はい」「はい」「はいっ」と競うように答えたものだったのに、それが見られない、と。

明らかに、日本全体のコミュニケーション反応に、世代間の段差が生じている。

ちなみに、1997年生まれのすべてがそうというわけじゃない。集団のコミュニケーション反応の低下は、3割くらいの変化で全体に広がる。うなずこうとしたとき、隣の人がそうしないと、うなずくのを躊躇するでしょう？　これもミラーニューロン効果。1人が両脇の人を巻き込めるのである。

1997年生まれ以降のすべての人に、コミュニケーション反応の低下が見られるわけじゃないし、このあと詳しく述べるけど、コミュニケーション反応は弱いからダメというものでもない。利点もあるのである。

とはいえ、世代全体の雰囲気であることは間違いない。このことは、おそらく、幼少期にミラーニューロンを使う機会が、1997年以前に生まれた人たちのそれに比べて減ったことに起因すると思われる。

うなずかない若者は進化型

ミラーニューロンは、赤ちゃんのうちに人生最大に働く。これを使って発話し、歩き出すのである。でも大人になっても、すれ違う人の所作や表情にまでつられていたら危なくてしょうがないので、大人になるまでに、その活性レベルを劇的に落とすわけ。そして、脳では、使わないと信号のコネクションが薄れる。使わない記憶が薄れていくように。

つまり育った環境で、あまりミラーニューロンを使わなければ、不活性度が大きくなる。

SNSやゲームの隆盛で、親と子、子ども同士が面と向かってコミュニケーションする時間が減っている以上、ミラーニューロンの活性レベルにも、当然、差は生じるはず。ちなみに、1997年、何が起こったのか調べたら、携帯のメールサービスが始まった年だった。

ならば、これはもう人類の進化である。ミラーニューロンが従来ほど活性化していない世代は、進化型なのである。

「話、聞いてるの?」は死語と心得よ

「話、聞いてるの?」「やる気あるの?」「なんでやらないの?」は、時代の死語と心得よう。相手は、聞いているのだけど、上の世代にはそう見えないだけ。やる気はあるのだけど、上の世代にはそう見えないだけ。この質問、話を聞いている者、やる気のある者には答えようがない。

また、ミラーニューロンの活性度が違うと、「なんでやらないの?」という不満も生まれる。ミラーニューロンは、他者の動きを自分の神経系全体で感じ取るので、ミラーニューロン活性レベルが高いと、何も言われなくても、他人の動きに気づいて「あ、それ、私が運びます」のように手を添えることができる。ミラーニューロンの活性レベルが高い上司は、自分なら黙っていても片付けるのに、なんでこの新人はやらないんだ? と感じるわけ。

「なんでやらないの？」も、言われたほうは意味がわからない。指示されていないのにやらないことを、叱られる意味がわからないのである。ときには、「私の職場では、誰も仕事を教えてくれないのに、やらないと叱られる。ハラスメントを受けています」と申請してくることもある。

反応の弱い部下を持っても、「話、聞いてるの？」と詰め寄らないで。話を聞いているのか気になったら、メモを取るように指導しよう。「私、メモを取らなくても大丈夫なんで」と言われたら、「職場では、メモは、相手のためにするもの。話を聞いてますよ、安心してくださいのジェスチャーです」と教えてあげてほしい。

「なんでやらないの？」と思ったら「これ、あなたがやるべきことよ、覚えておいてね」と言えばいい。直感的な最初の気づきがないだけで、やるべきことを教えてあげれば、やがて、関連した、ほかのことにも気づくようになる。「気が利かない」は最初のうちだけ。少し根気が要るが、ちゃんと育ってくれる。

ミラーニューロン活性は高いからいいってものでもない

ミラーニューロン活性レベルが高いと、気が利くし、仕事の飲み込みが速い。一方で、人の表情が気になって、自分の意見が言えなかったりする。

ミラーニューロン活性レベルが低いと、気は利かないが、自分の意見を躊躇なく言えるし、国際舞台でのびのびと活躍したり、明るくタフな営業パーソンにもなれる。

一概にどちらがいいとは言えないのである。日本人は民族としての特性を勘案するに、ミラーニューロン活性レベルの高い民族だった。気が利くし、匠の技の暗黙知（ことばにならないコツ）の伝承もうまい。けれど、一方で、忖度の国とも呼ばれている。もしかすると、1997年以降に生まれた世代は、国際標準に近づいているのかも。

自分は進化型かも、と思う方へ

「話、聞いてるの?」と言われたら「聞いてます。そうでないように見えたら、すみません」、「やる気あるの?」には「あります。そうでないように見えたらすみません」と、即座に、相手の気持ちにだけ謝ろう。たいていは、これで大事にならない。「小さいころから、表情が乏しいって言われちゃってるんですが、心は熱いです」くらい言っておけば、以後、二度と「話、聞いてるの?」とは聞かれないはず。

「なんでやらないの?」は、過剰な期待をした上司が悪いのだが、「気が利かなくてすみません。指示してくだされば動きますので、ご指導のほどお願いします」と言えば、逆に好感度を上げられるチャンスである。

もう15年もすれば進化型がマジョリティになる。今は端境期にあって、割を食っているだけなので、うまくやり過ごしてほしい。見方を変えれば、進化型のフロンティアなので、この世代ならではの個性を発揮して、時代の覇者になれる可能性も高いのだから。

対話、普遍の真理

こうして、脳を取り巻く環境が変われば、脳の神経信号処理も変わり、対話のありようも変わってくる。もう少し人工知能時代が本格化すると、ＡＩを介したコミュニケーションも普通になってくるしね。そうしたら、また新たな対話テクニックも必要になるのかもしれない。

とはいえ、普遍の真理がある。コミュニケーションに齟齬があったとき、どちらかの脳が圧倒的に悪いってことはほとんどないってこと。脳の機構を究めていくと、それが本当によくわかる。どちらの脳も、よかれと思って、あるいはそうせざるを得なくて、ことばを口にする。

だからこそ、互いの脳の機構がわかれば、対話の齟齬が減らせるのである。――脳を知ろう。自分の脳も大切な人の脳もうまく活性化して、この世を楽しもう。人生を豊かにする、その一番のツールとして、対話があるのである。

おわりに

私は、ＡＩ開発のために、脳をシステム分析してきたシステムエンジニアである。私の脳へのアプローチは、脳生理学・医学・心理学の先生たちとは、その手法を大きく異にしている。

私が、人工知能という研究テーマに出逢ったのは１９８３年のこと。この年、大学を卒業してコンピュータ・メーカーに就職した。80年代は、あらゆる社会システム（企業の基幹業務、工場の生産管理、金融、流通、鉄道、航空、医療、行政などなど）が一斉に開発されていった時代である。

私たち若きシステムエンジニアは、怒濤のようなシステム開発に巻き込まれ、あらゆる事象から、機能ブロック（どのような機能で構成されているか）を切り出し、タスクフロー（どのような作業の流れで遂行されているか）を読み解いていった。

私は、人工知能の研究室に配属になった。研究者ではなく、下働きのエンジニアとして。

そして、ヒトの脳を預けられたのだ。鉄道部門に配属になったエンジニアが、ダイヤ図面を預けられたように、銀行部門に配属になったエンジニアが帳簿を預けられたように。だから私は素直に、ヒトの脳から機能ブロックを割り出し、ヒトのとっさの営みからタスクフローを読み解いていったのである。脳を解明するとか、ＡＩを発明するとか、そんな意気込みはどこにもなかった。ただただ下働きのエンジニアとして、脳をシステム分析しただけなのである。

しかしながら、その愚直な研究が、ヒトの脳の美しい機構を、私に見せてくれた。

１９９１年４月１日、全国の原子力発電所で日本語をしゃべるコンピュータが起動した。しゃべると言っても文字のやり取りなのだが、発電所の技師の日本語の問い合わせに、中央の大型コンピュータが日本語で応えて、データを提供したり、図面を送ってくれたりしたのである。当時のコンピュータは、機械語に近い命令文を書かなければデータ検索一つできなかったので、これは画期的なことだった。新聞では「世界初のコンピュータによる日本語対話」と称賛されたが、まぁ世界初は大袈裟。他の国には、日本語対話は要らないわけだから（苦笑）。

このシステムを開発したのは、若き日の私である。この開発を任されたとき、この世に日本語対話というシステムは存在しなかったので（自然言語解析に関するいくつかの研究成果はあって、もちろんそれを採用させていただいたが）、私は、あらためて「人類の対話」という事象から、機能ブロックとタスクフローを割り出した。そうして気づいたのである。この世には相容れない二つの対話方式があることを。

当時、共感型と問題解決型と名付けた二つの対話方式は、前者は女性がよくする対話方式、後者は男性がよくする対話方式でもあった。

共感型は、記憶領域を縦横無尽に検索して、共感して腹落ちすることをゴールとする対話方式。「そういえば」と話を広げ、「わかる、わかる」と着地する。問題解決型は、目の前の現実空間に特化して、問題点の特定とその解決を目指す対話方式。「要するに」と話をまとめ、ダメ出し（問題点の指摘）で着地する。脳のまったく違う場所を使い、まったく違う推論をし、まったく違うゴールを目指す。システム論上、これらを同じ「対話」という演算ではくくれない。

私たちシステムエンジニアは、将来、人間に寄り添うＡＩの対話システムを設計するとき、共感型エンジン（システムエンジニアリングでは、回り続けて止まらないプログラムをエンジンと呼ぶ）と問題解決型エンジンの二つを用意し、それをハイブリッド搭載して、柔軟に切り替えながら対話させる必要がある——私は、そう直感した。ハイブリッドカーと同じこととだ。だって、内燃エンジンと電気モーターくらい、違う仕組みなんだもの。ただし、これは２０２５年現在でも、まだずっと先の話。人間が、相棒ＡＩと共に育ち、生涯にわたって自分の脳の拡張装置として使うようになってからね。

この気づきは、私に、ある使命感をもたらした。

共感型の「記憶領域を縦横無尽にジャンプする」機能は、ＡＩにも容易にまねできない、素晴らしい感性演算なのである。何十年も前の関連記憶を即座に手繰り寄せて、今この瞬間、役立つ知恵に転換できるんだよ、１秒もかからずに。

しかしながら、傍で聞いていると、とっ散らかった人に見える。記憶領域を鮮やかに飛び越えていくので、聞き手がついて来れないからだ。さらに、記憶領域を軽やかにジャンプするときのトリガー（きっかけ）が情動、すなわち感情なので、感情的なしゃべり方にもなる。感情で操作する演算なので必然なのだが、「感情的で、自分のことばっかり言い募り、とっ散らかってる人」に見えがちなのである。

女性たちのこのしゃべり方のおかげで、いったいどれだけの命が守られてきたと思う？いや、母たちがこの思考回路を使わなかったら、赤ん坊なんて育たない。とっくに人類は滅亡していたに違いない。それなのに、論理的でなく社会性が低いと思われて、女性たちはずっと公の発言を許されてこなかったのだ。私には、世界の女性蔑視は、人類の二大感性のうちの片方を軽視した結果だと思われてならなかった。

私は、ヒトの脳の感性領域の演算を見抜いた女性システムエンジニアとして、このことを社会に知ってもらおうと思った。共感型の対話は素晴らしい感性演算であること。共感型の対話と、問題解決型の対話が対峙しているのは不利益であること。何より、男女のミゾは、脳の使い方の違いが生む誤解であって、これを乗り越えるトリセツがあること。

これを決心したのは1990年代である。女性活躍が始まってはいたけれど、「男性のような合理的な口を利ける女性」が望まれていて、私たちの世代のキャリアウーマンは、これによく応えていた。そもそも、ヒトの脳は、時と場合と立場によって、優先側を切り替えるので、職場で問題解決型を貫くのはそう難しくない。

しかしながら、30年経って、事態は大きく変わった。生成AIとの協働時代に入って、人類は、今までになく対話力を必要とされることになったのである。「ふと頭に浮かんだ、なんでもない話」ができないと企業価値が生まれないと言われるまでになっている。職場にそぐわないと思われた共感型のしゃべり方が今、切実に必要とされるようになったわけだ。

AI時代に羽ばたくためには、二つの翼が要る。人類は、長いこと片翼で社会を牛耳ってきたのである。もう片翼は、家庭の中に閉じ込めて。

対話の構造と、それぞれのスタイルの美しさを知ることで、AI時代を生き抜くアドバンテージを手に入れてほしい。それが、私の切なる願いである。AIを生み出した創世記のエンジニアの一人として、対話の秘密に気づいた女性の一人として。

この本は、そんな私の30年越しの思いの集大成となった。書きたいことが溢れて、まったくまとまらず、私としては異例の長い時間をかけた一冊である。お手に取っていただいて、ここまで読んでいただいて、本当に本当にありがとう。講談社の田中浩史さんには、なかなか着地できない道のりを、温かく見守っていただき、心から感謝します。

夢見る力——AIには真似できないその力は、脳の中の二つの翼で手に入れるものである。この本が、皆さまの夢見る力の一助になりますように。

2025年1月、旅の窓辺にて、降りしきる雪を眺めながら

黒川伊保子

黒川伊保子

1959年、長野県生まれ、栃木県育ち。1983年奈良女子大学理学部物理学科卒。人工知能研究の立場から、脳を機能分析してきたシステムエンジニア。脳のとっさの動きを把握することで、人の気分を読み解くスペシャリスト(感性アナリスト)である。コンピューターメーカーにてAI開発に携わり、男女の感性の違いや、ことばの発音が脳にもたらす効果に気づき、コミュニケーション・サイエンスの新領域を拓く。2003年、㈱感性リサーチを設立、脳科学の知見をマーケティングに活かすコンサルタントとして現在に至る。特に、男女脳論とネーミングの領域では異色の存在となり、大塚製薬のSOYJOYをはじめ多くの商品名に貢献。人間関係のイライラやモヤモヤに〝目からウロコ〟の解決策をもたらす著作も多く、『妻のトリセツ』(講談社+α新書)をはじめとするトリセツシリーズは累計で100万部を超える人気。現在は、NHKラジオ第1の生放送番組「ふんわり」の金曜パーソナリティも務める。

講談社+α新書 800-5 C

対話のトリセツ

ハイブリッド・コミュニケーションのすすめ

黒川伊保子 ©Kurokawa Ihoko 2025

2025年4月1日第1刷発行

発行者——篠木和久

発行所——株式会社 講談社

東京都文京区音羽2-12-21 〒112-8001

電話 編集(03)5395-3522

販売(03)5395-5817

業務(03)5395-3615

デザイン——鈴木成一デザイン室

カバー印刷——共同印刷株式会社

印刷——株式会社新藤慶昌堂

製本——株式会社国宝社

KODANSHA

定価はカバーに表示してあります。

落丁本・乱丁本は購入書店名を明記のうえ、小社業務あてにお送りください。

送料は小社負担にてお取り替えします。

なお、この本の内容についてのお問い合わせは第一事業本部企画部「＋α新書」あてにお願いいたします。

Printed in Japan

ISBN978-4-06-539366-6

講談社+α新書

50歳を超えても脳が若返る生き方
加藤俊徳
寿命100年時代は50歳から全く別の人生を！今までダメだった人の脳は後半こそ最盛期に!!
968円 798-1 B

99%の人が気づいていないビジネス力アップの基本100
山口博
アイコンタクトからモチベーションの上げ方まで。「できる」と言われる人はやっている
946円 799-1 C

妻のトリセツ
黒川伊保子
いつも不機嫌、理由もなく怒り出す――理不尽極まりない妻との上手な付き合い方
935円 800-1 A

夫のトリセツ
黒川伊保子
話題騒然の大ヒット『妻のトリセツ』第2弾。夫婦70年時代、夫に絶望する前にこの一冊
935円 800-2 A

夫婦のトリセツ　決定版
黒川伊保子
大ベストセラー『妻トリ』『夫トリ』を超えて。「夫婦の病」を根治する、究極の一冊
968円 800-3 A

子どもの脳の育て方　AI時代を生き抜く力
黒川伊保子
自己肯定感の高い脳がAI時代を生きる鍵になる。わが子の脳の力を阻害しない子育ての実践
990円 800-4 A

対話のトリセツ　ハイブリッド・コミュニケーションのすすめ
黒川伊保子
この世の対話方式は、大きく2種類に分類される。あらゆる人間関係に使える究極のトリセツ
990円 800-5 C

世界の常識は日本の非常識　自然エネは儲かる！
吉原毅
新産業が大成長を遂げている世界の最新事情を紹介し、日本に第四の産業革命を起こす一冊！
946円 801-1 C

人生後半こう生きなはれ
川村妙慶
人生相談のカリスマ僧侶が仏教の視点で伝える、定年後の人生が100倍楽しくなる生き方
935円 802-1 A

明日の日本を予測する技術　「権力者の絶対法則」を知ると未来が見える！
長谷川幸洋
ビジネスに投資に就職に!!　6ヵ月先の日本が見えるようになる本！　日本経済の実力も判明
968円 803-1 C

人が集まる会社　人が逃げ出す会社
下田直人
従業員、取引先、顧客。まず、人が集まる会社をつくろう！　利益はあとからついてくる
902円 804-1 C

表示価格はすべて税込価格（税10%）です。価格は変更することがあります